料理でわかる

ヨーロッパ各国気質

実務教育出版

欧州の代表的な料理

料理が気質をつくるのか、気質が料理を生んだのか。
同じ欧州でもまるで異なる食文化。
その代表的な料理をいくつか紹介する

United Kingdom

イギリス (P15〜)

フィッシュ＆チップス

フィッシュ＆チップスこそ、イギリスのあらゆる階級を代表し、国内四つの民族を納得させられる唯一の料理

France

フランス (P37～)

ブイヤベース

魚介類をふんだんに使ったマルセイユ名物。スープと具は別皿で食べるのがフランス流のマナー

エスカルゴ

バター、パセリ、ニンニクで味付けした料理。本場フランスのエスカルゴはまるで貝のような味わいがある

Belgium

ベルギー (P73～)

ムール貝の白ワイン蒸し

人気料理といえば、パセリを散らしたムール貝の白ワイン蒸し。ここにはベルギーの国民食ともいえるフリッツがつく

Germany

ドイツ (P83〜)

白ソーセージ

バイエルン地方の朝食用の白ソーセージは茹でるのが基本。日持ちしないので、正午までに食べ切るのが習わしになっている

ニュルンベルガー・ソーセージ

小ぶりで細め。パリッとした食感とスパイスの効いた絶妙な味が病みつきになりそうだ

グリューネ・ソース

文豪ゲーテの大好物だったグリューネ・ソース。ドイツでは、春になると市場に七種以上の葉っぱが一束になって屋台に並ぶ

Austria

オーストリア

(P99〜)

ウィーナー・シュニッツェル

最上級の仔牛の肉を使った料理。オーストリアのラデツキー将軍が北部イタリアからもたらした

ターフェルシュピッツ

“ハプスブルク帝国最後の皇帝”フランツ・ヨーゼフがこよなく愛した、牛肉を柔らかく煮込んだ料理

Switzerland

スイス (P111〜)

チーズフォンデュ

ちぎったパンに溶けたチーズをからめて食べるチーズフォンデュは、もともとはスイスの牧夫の保存食だった

Greece
ギリシャ (P123〜)

タラモサラタ

鮮やかなピンク色のタラモサラタは、魚卵・玉ネギ・レモン汁・オリーブオイル・マッシュポテトを混ぜたギリシャ名物

Italy
イタリア
(P133〜)

ビーフ・カルパッチオ

上質の薄切り生牛肉に“イタリアチーズの王様”パルミジャーノ・レッジャーノをふりかけた料理

トリッパ

イタリア風のモツ煮込み。牛の胃袋を香草で下茹でし、トマトソースにミントを加えて柔らかく煮込む

Spain

スペイン (P153〜)

ガスパッチョ

スペイン・アンダルシア地方の夏の風物詩ともいえる料理。旬の野菜ジュースといった趣きのスープ

Sweden

スウェーデン (P179〜)

ミートボール

スパイシーなミートボールに甘みがなく酸味の効いたリンゴベリー・ジャムをつけて食べるのがスウェーデン流

Rossiya

ロシア (P191〜)

ビーフ・ストロガノフ

年老いて大好物のステーキが食べられなくなったウラル地方の豪商の料理人が考案した

ボルシチ

ロシアのボルシチは、ウクライナ発祥のスープ。具は地域や家庭によって違っても、共通するのは真っ赤な野菜のビーツ

Czech Republic

チェコ (P207～)

クネドーリキ

グラーシュなどメインディッシュの脇につくのが、チェコのお袋の味"クネドーリキ"。モチモチした歯ごたえがある

Hungary

ハンガリー (P217～)

パプリカチキン

パプリカ・パウダーを入れて、柔らかくなるまでコトコト煮込んだ料理。サワークリームが味を引き立てる

Turkey

トルコ (P259～)

サバサンド

半分に切ったバケットを開いて、サバを丸ごとはさむ。レモン汁が魚臭さを消し、新鮮な味を引き立てる

はじめに

「日本は豊かな国と聞いていたが、こんなに困っているとは知らなかった。海藻を食べるだなんて！」
「フランスは豊かな国と聞いていたが、こんなに困っているとは知らなかった。カタツムリを食べるだなんて！」
「イギリスは豊かな国と聞いていたが、こんなに困っているとは知らなかった。イギリス料理を食べるだなんて！」

これはイギリス料理がまずいことを笑ったジョークだが、ここで登場する日本人と海藻の話も真理をついている。自称〝寿司好き〟の日本通の人でさえ、黒い紙みたいだと敬遠する人もいて、ヨーロッパでは太巻きの海苔《のり》を内側に巻く和食レストランも少なくない。

二〇一三年、日本食がユネスコ無形文化遺産に登録されて海外で人気になる一方、海外からも料理が日本に上陸。テレビをつければ、どのチャンネルでもタレントやお笑い芸人までが料理やスイーツを紹介し、ネタは尽きない。オリジナルはヨーロッパでも、今や全国津々浦々、日本人のシェフやパティシエが本場をしのぐ味を提供するまでの発展ぶりだ。

のどかな田舎で純和風に暮らす私の母も、「近くに本格的イタリアンできたんだよ、ペペロンチーノにテラミスでも食べに行くかね～」とのたまう。以前から異文化の食を取り入れていた日本だが、一億総美食家《グルメ》時代に突入したように見える。

ところで二〇世紀の終わりにシベリア鉄道で旧ソ連を横断し、夫婦でウィーンに移り住み、ヨーロッパに暮らして早二五年が経つ。数年後、出版社を立ち上げ、以来、環境雑誌や旅の本の取材で約三〇カ国を駆け巡る機会に恵まれた。文明の十字路、トルコのボスポラス海峡の香ばしいサバ・サンドイッチを頬張り、白クマ撮影に挑んだ北極圏のノルウェーではタラ料理に一万円もはたいて、懐にも寒風が吹きつけた。南ドイツのノイシュヴァンシュタイン城のふもとでは、朝っぱらから白ビールにソーセージが定番で自然と鼻歌が口をついた。多少乱暴な気もするが、そんな数々の経験から、〈カトリック＝ラテン系＝陽気・いい加減・人生を楽しむ＝ワイン文化＝食事がうまい〉、〈プロテスタント＝ゲルマン・アングロサクソン系＝厳格・自分を律する・人生に挑む＝ビール文化＝食事がまずい〉と、このように説明できないこともない。だが、最低限、人々の気質が暮らしをつくり、食文化を発展させてきたというのは誰も異論のないところだろう。

本書はヨーロッパ各国の食と気質について、体験をふまえつつ歴史的文献や資料も掘り起こして綴った。普段見過ごしている、ヨーロッパの各国料理と日本とのつながりも織り込んでみた。

世界一グルメな日本の方々が楽しく語らいながら食事する際、この本の内容を思い出しながらうんちくを加えていただければ、料理の味わいもいっそう深まるに違いない。

二〇一六年九月、ベオグラードにて

片野　優
須貝典子

目次

装幀／三枝未央、カバー・本文イラスト／ミヤタチカ、編集協力／Office Yuki、齋藤みゆき

イギリス

正式名称　グレートブリテン及び北アイルランド連合王国
首　　都　ロンドン
面　　積　243,610km^2
人　　口　6,511万人
主な宗教　キリスト教が約7割(うち英国国教会が約6割)

なぜイギリス料理はまずいと言われるのか

ヨーロッパで二番目にまずい料理の国

イギリス料理を笑ったジョークは尽きない。たとえば、「この世の天国とは、コックはフランス人、警官はイギリス人、技師はドイツ人、銀行家はスイス人、恋人はイタリア人」。一方、「この世の地獄とは、コックはイギリス人、警官はドイツ人、技師はフランス人、銀行家はイタリア人、恋人はスイス人」で、イギリス人のコックは最低と揶揄《やゆ》される。

これとよく似たジョークに、「この世の天国とは、日本女性を妻に娶《めと》り、イギリス風の家に住み、中国料理を食べながら、アメリカ人の給料をもらう」。これに対して、「この世の地獄とは、アメリカ女性を妻に娶り、ウサギ小屋のような日本の家に住み、イギリス料理を食べながら、中国人の給料をもらう」というものがある。やはりイギリス料理はいただけないらしい。

では、どうしてイギリス料理はそんなにまずいのかというと、その理由は調理法にある。概してイギリス料理の調理法は「食感がなくなるまで野菜やパスタを長時間茹《ゆ》でる」「真っ黒になるまで念入りに油で揚げる」「肉は焼くだけで味つけしない」という超加熱主義と、味つけに関しては無責任・自由放任主義が基本だ。食材本来の風味や食感が失われるほど加熱するのは、産業革命の時代に不衛生な環境下で病気が蔓延《まんえん》したとき、医師が病理学上の見地から料理は長時間加熱するよう徹底したことが、現在に至る伝統として定着してしまったようだ。

他方、レストランのテーブルには、塩・コショウ・油・モルトビネガー・ケチャップと、いろいろな調味料が載っている。イギリスではウェイターが料理を運んでくると、客は味見もせずにおもむろに塩やコショウを振りかけ、じゃぶじゃぶとモルトビネガーを浴びせるのが普通だ。なぜなら料理にあまり味がないからだ。この食文化を善意に解釈すれば、料理人は自分の味（エゴ）を一方的に押し付けるのではなく、食べる側の意思を尊重している。さすがは人権大国だけのことはあるとの見方が成り立つ。逆にとれば、極度に面倒くさがり屋の料理人気質ゆえか。あるいは食べる側の行きすぎた個人主義。それとも作り手と食べ手、双方の妥協の末にこのような形に落ち着いたと言えないこともない。

しかしイギリス料理を擁護するならば、かつては農村を中心に伝統の郷土料理が存在していた。そんな食文化が消滅してしまったのは、第一に産業革命の影響と言われる。一八世紀後半、従来の手工業による綿織物が機械化され、まもなく蒸気機関が発明されて機械工業、鉄工業、石炭業といった重工業が発達すると、次第に労働条件は悪化し、都会の賃金労働者は一日二〇時間も働くことがあった。そんな睡眠時間も確保できない暮らしでは、料理どころの騒ぎではない。次第に料理する習慣は薄れていった。イギリス名物のフィッシュ&チップスは、当時の労働者が仕事がひけた後に屋台に立ち寄り、揚げたての白身魚とジャガイモを新聞紙に包んで持ち帰るという最初のファストフードだった。それはちょうど現代の日本のサラリーマンが、会社帰りにコンビニでお弁当やお惣菜《そうざい》を買ってゆくようなものかもしれない。

また、産業革命は上流・中流・下流（労働者）という三つの階級を生み出した。やがて中流階級は上層・中層・下層に細分化され、イギリス社会は全部で五つの階級に分類されるようになる。富裕な中流階級にのし上がった人々の間で、王室や貴族などの上流階級をまねて屋敷に料理人を雇うのが流行した。しかし、腕のいい料理人は少ないばかりか、サーヴァント（召使い）として食事を作るのは一四歳前後の親元を離れて住み込みで働く労働者階級の未熟な若者たちばかり。イギリスの食卓は、ますます負のスパイラルから脱け出せなくなってしまった。

一方、上流階級は教育に熱心で、その子弟が通う大学はオックスフォードかケンブリッジと決まっている。ただし真のエリートと言えるのは、このオックス・ブリッジを卒業しただけでは不十分だ。ラグビー校、ウェストミンスター校、ハロー校、イートン校といった通称「ザ・ナイン」と呼ばれる九つのパブリック・スクール卒でなければならない。慶応大学を卒業しただけでは家柄は証明されず、幼稚舎からエスカレーター式に大学まで上がってこそ、生粋のお坊ちゃまとして認められるようなものだ。

このパブリック・スクールは知勇兼備の真のジェントルマンを育むのが目的で、古くは全寮制の男子校だった。寮の規律は厳しく、ベッドは硬く、おまけに食事は粗末だった。一三〜一八歳の食べ盛りの子どもたちは裕福な家に生まれつきながらも、質素な食事に慣らされてしまう。

次に、イギリス料理がまずい理由を民族・宗教・地理的条件などを背景としたイギリス人気質に基づき考えてみたい。いささか乱暴だが、カトリック＝ラテン系＝陽気・いい加減・人生を楽しむ＝ワイン文化＝食事がうまい。他方、プロテスタント＝ゲルマン・アングロサクソン系＝厳格・自分を律する・人生に挑む＝ビール文化＝食事がまずい、と単純に図式化できないこともない。

イギリス人の社会学者のスティーヴン・メネルは、目の前に二つの皿が並んでいたら、自分の好きでない皿を手に取るというピューリタン的禁欲主義がイギリスの食文化を阻害したという見方があることを紹介している。確かにそんな考え方もあるだろうが、単なるアマノジャクなイギリス人気質、あるいは困難に挑んでゆく不屈のチャレンジャー・スピリットがそうさせていると思えぬこともない。

イギリスは気候や天気に恵まれず、女性は淡泊で愛想がなく非享楽的。それゆえ男たちは家にいたがらず、七つの海に出かけて大英帝国を建設した。行く先々で植民地を作る困難に耐えたのは、どんな食事にも我慢できたからという説もあながち嘘とは思えない。

チャーチルいわく、「大英帝国は全世界にあらゆる食べ物を提供してきた。ただし調理する前だが」。

たった六つしかない家庭料理

「代表的なイギリス料理をいくつか挙げてみよ」

そう言われて、まっ先に思い浮かぶのは、ローストビーフとフィッシュ&チップスくらいだろうか。実は当のイギリス人の主婦でさえ答えは難しいようだ。というのは、英国『タイムズ』紙が「普段どんな料理を作っていますか」と一四〇〇家庭にアンケート調査（二〇〇八年）したところ、九八％もの家庭が六つのメニューしか作っていないという驚くべき事実が明らかになった。

スマホ向けに毎日の献立表を発信する株式会社ミーニューによれば、料理をするうえで最も大変なことは「献立を考えること」であり、日本人の主婦が献立を考える平均時間は毎日約二〇分だという。少なくともイギリス人の主婦は、この献立を考える苦痛から解放されているわけだ。

ここで定番の六つの料理を順に紹介すると、ローストチキン（三〇％）、スパゲッティボロネーゼ（二七％）、炒《いた》め物（一二％）、ソーセージのマッシュポテト添え（一二％）、カレー（一〇％）、ポークチョップ（七％）と、どれもあまり手のかからないシンプルな料理ばかりだ。このイギリスを代表する家庭料理について順に説明すると、イギリス人の食の傾向と気質までが見えてくる。

まずはイギリス家庭料理のナンバーワンに輝いたローストチキンの作り方を披露すると、骨と皮の付いたまるごと一羽の鶏を用意し、これに市販の「コールマン（Colman's）」の調味料をまぶし、同封の耐熱性の袋に入れてオーブンでじっくり焼き上げるという、料理と呼ぶにはおこがましいシンプルなもの。チキンの横には、イギリス人の主食のジャガイモを使ったベイクトポテトかマッシュポテトがつく。

次にスパゲッティボロネーゼ。ご存じのようにスパゲッティはイタリア料理で、日本のそば同様、麺のコシが命。しかし、イギリスのスパゲッティは一五分以上も麺がふにゃふにゃになるまで煮込むせいで、フォークに巻きつけると麺がプツリと切れてしまうことがある。おまけに鍋から上げた麺はお湯をよく切っていないので水っぽい。そのうえイギリスのスーパーでは、麺とソースが一緒に入っているスパゲッティの缶詰が売れているというから、この国でイタリア人がスパゲッティを食べようとしないのも頷ける。

三番人気の炒め物は、確かに伝統的なイングランド料理ではある。たとえば、バブル&スクイークは、細かく刻んだ野菜とマッシュポテトをフライパンで炒めた代表的な炒め物料理だが、これとてサンデーロースト（日曜日の午後、家族そろって食べる豪華な昼食）の残り物の野菜を使った簡単料理の域を出ない。

これに比べて同点三位のソーセージは、ちょっとクセモノだ。ソーセージといえば誰もがドイツを思い浮かべるが、本場ドイツでは肉を一〇〇%使用しないと法律違反となり、そもそもソーセージと呼んではいけないことになっている。そんなドイツのソーセージはとてもジューシーで、触感もプリプリと歯ごたえがある。

一方、イギリスのソーセージはというと、中味はスカスカでしんなりしていて、味もどこか粉っぽい。それもそのはず。ソーセージの中身は、ペースト状に細かくすりつぶした挽肉にハーブや脂を混ぜるのはいいとして、半分以上の割合でパン粉が混じっているというもの。かつて飢饉が発生した非常時にパン粉を入れたのが、いつしか伝統の食材になってしまった。ヨーロッパ人からはまずいイギリス料理のやり玉に挙げられるイングリッシュソーセージだが、外国暮らしの長いイギリス人にとっては郷愁を誘う懐かしい味なのだ。

五番人気のカレーは、インドを植民地化したことでイギリスに普及した料理だ。日本の家庭料理を代表するカレーライスは、インドからではなくイギリス経由で日本に伝えられたものだ。その証拠にインドにはカレー粉というものはなく、イギリスのクロス・アンド・ブラックウェル社が即席のカレーパウダーを発明したことで世界にカレーが普及した。ちなみに日本では一九〇三年（明治三六年）に大阪の薬種問屋の今村弥《いまむらや》が「洋風どんぶりがうちでも作れまっせ！」のキャッチフレーズで日本初のカレー粉を売り出した。

さて、現在イギリスで最も人気のあるカレー料理は、チキンティッカマサラというイギリス発祥のインド料理だ。チキンティッカはもともとヨーグルトと香辛料をまぶして焼き上げた鶏肉料理を串に刺したものだが、例によって自由に味つけしたがるイギリス人の客がコックにカレーソースをつけてほしいと注文したことで誕生した。のちにサンデーローストで余った肉を有効利用する方法として、トマトとクリームをベースにしたまろやかなカレールーで煮込んだチキンティッカマサラが、イギリスの一般の家庭料理に加えられるようになった。

では最後に、本場のポークチョップをご紹介すると、これまた味つけしない豚肉をオーブンに入れて焼くだけの話。これに、いつものように十分すぎるほど茹でた野菜とマッシュポテトを添えれば完成。だが、決め手はその後だ。料理全体に肉汁を調合したグレービーソースを浴びせるほどかけて食べるのがイギリス流というもの。グレービーソースはあらゆる肉料理、ポテト料理やプディングにも使える万能ソースで、このソースの存在があったればこそ、今も料理に下味つけは不要と考えるイギリス人は絶えない。

イギリス

なぜイギリス料理はまずいと言われるのか

しかし、なにゆえイギリスでは家庭料理の数がここまで少ないのだろうか。ここにイギリス人気質が垣間見られる。『タイムズ』紙の調査によると、「家族が好まない（三七％）」「作り方を知らない（三二％）」「面倒くさい（三一％）」というのがその理由。

残念ながらイギリスには、美味しい料理を食べるために努力しようというフランスのような美食文化が育まれなかった。逆説すれば料理に無関心なのがイギリスの食文化であり、最近まで料理を時間と労力の浪費と考えたり、フランス人のように食べることに目の色を変えてガツガツ生きる人間をはしたないと蔑《さげす》みの目で見る人も少なくなかった。

そこにはナイフとフォークは食べ終わるまで置いてはいけない。持ち替えても、裏返してもいけないというテーブルマナーも含めて、隣国フランスへのライバル意識が根底に働いていたこともあっただろう。そのくせ国賓を迎えての晩餐会には、イギリス料理ではなくフランス料理が供される。イギリスの食文化は自国では通用しても、世界では通用しないことをわきまえているからだ。味音痴でも、外交には長けているのがイギリス人というものらしい。

甘いたれのパワーにひざまずく

では、本当にイギリス人は味音痴なのだろうか。また、果たしてイギリス人は日本食を解せる舌を持ち合わせているのだろうか。

なぜイギリス料理はまずいと言われるのか

それを知るためには、ここ数年密かに話題を集めている『英国一家、日本を食べる』(亜紀書房)が参考になる。この本はアニメ化されて、二〇一五年四月からNHK総合で全国放送されているほか、NHKワールドでも『Sushi and Beyond』という番組名で全世界に向けて発信されている。著者のマイケル・ブース氏はイギリス人の料理&旅行ジャーナリストで、パリの名高い料理学校「ル・コルドン・ブルー」で修業を積み、ミシュランの三つ星レストランで働いた経歴を持つ。

ある日、一冊の日本料理の本を手にしたブース氏はすっかり日本料理に魅せられ、意を決して妻と幼い二人の子どもを連れて日本に旅立つ。その後、東京、北海道、京都、大阪、福岡、沖縄へと日本国内を一〇〇日間にわたって食べ歩きする。

日本に到着した日の夜、新宿の「思い出横丁」の小さな店の暖簾《のれん》をくぐって、ふやけたミミズのような焼きそばを恐る恐る食べる。しかし、初めて食べた焼きそばの印象は「冷静に判断しても、癖になる味」だったとか。また、銀座の高級天ぷら屋に入ったブース氏は、料理人に「あんなにカリカリした、ちょっと太めの小枝みたいなきつね色の衣の中に、ふわふわで熱々の野菜や魚が入っているのはなぜか」としつこく秘密を聞き出そうとする。たぶん無意識のうちに、祖国のフィッシュ&チップスの油ぎった分厚い衣と比較していたのかもしれない。また札幌のバターコーンラーメンに衝撃を受け、大阪の串揚げを食べて「いまだに世界で旋風を起こしていないのはなぜなのか、理解に苦しむ」と感想を漏らしている。ちなみに、ブース氏の一番好きなラーメンは池袋の「がんこ総本家」で、最高の焼き鳥は恵比寿に見つけたのだという。

いささか紹介が長くなったが、ここで強調したいのは日本食通のフランス人というのはよく見聞きするが、ブース氏のようなイギリス人であっても日本食を深く理解することができるということである。当然といえば至極当然の話ではあるのだが。

だが舌には味を感じる味蕾《みらい》という器官があって、その数は黄色人種→黒人→白人の順で人種によって差があり、白人の中ではラテン系が多くアングロサクソン系は少ないという話が一部で囁かれている。これに従えば、だから日本人は味がわかり、同じヨーロッパ人でもフランス人には食通が多く、イギリス人は味音痴が多いということになるが、これは医学的に立証された通説ということではなさそうだ。

これに対して、人間の味覚が形成される時期は生後三〜五カ月から三歳くらいまでと言われ、三歳までに何を食べたかでその後の味の好みが決定すると言われる。マクドナルドが多額の宣伝費を使って子ども向けのキャンペーンに余念がないのは、十分理由のあることなのだ。してみれば味覚は人種の違いというよりも、むしろ後天的な生活環境によって左右されると考えた方がよさそうだ。料理嫌いの母親をもち、子どもの頃から手抜き料理に慣らされてきたら、味のわかる大人に育つのは難しい。

一方、世の中は徐々に進化するものだ。自国の文化こそ最高と、保守的で新しいモノを受け入れたがらないイギリス人（イングランド人）にも変化が見られる。最近、イギリスではビッグフォーと呼ばれるロンドン生まれの日本食ファストフード・チェーンがしのぎを削っている。回転寿司を持ち込んだ「ヨウ！　スシ（Yo! Sushi）」、本物志向の寿司や弁当が評判の「ワサビ（Wasabi）」、同じ寿司や弁当でも現地人向きにアレンジした「イッ（itsu）」、カレー・ラーメン・うどんといった庶民的な料理が売りの「わがまま（Wagamama）」がそれだ。

いずれもクールジャパン・ブームに乗ったものだが、残念ながら、どれも日本人の経営ではない。イギリスはかつて植民地政策を進めたことで、国内にはインド料理店や中華料理店がひしめいている。「イタリアに行ったらイタリア料理、フランスに行ったらフランス料理、イギリスに行ったら中華料理を食べろ」と言われるほどだ。ほかにはイタリア料理、タイ料理、メキシコ料理も人気だ。しかし日本料理においては、ようやく寿司や刺身がヘルシーフードとして市民権を得たところだ。

では、具体的にイギリス人はどんな日本食を好むかというと、これについては現地の『英国ニュースダイジェスト』が一五〇人の日本語学習者を対象に調査（二〇一一年三月）している。イギリス人の好きな日本食は上位から、寿司（二六票）、刺身（一五票）、お好み焼き（一五票）、天ぷら（九票）、ラーメン（七票）、焼き鳥（六票）、うどん（五票）、カレーライス（四票）、たこ焼き（四票）、餃子（四票）、味噌汁（四票）、照り焼き（四票）、トンカツ（四票）というものだった。

大方の予想通り、寿司や刺身が最高得票を獲得。知名度のある天ぷら、ラーメン、うどん、カレーライスも上位につけている。興味深いことに、これ以外のお好み焼き、焼き鳥、たこ焼き、照り焼き、トンカツには、どこか共通する味がある。それは醤油やみりんなどを調合した、まろやかな甘い濃厚ソースの味だ。先のブース氏が、小汚い店が軒を連ねる思い出横丁で四歳になる子どもが熱心に焼き鳥をかじるのを見て、「甘いたれのパワーには、ひざまずくしかない」と舌を巻いたというが、日本の甘いたれはイギリス人の舌を魅了するようだ。

他方、日本のソースはイギリスのソースをまねて作ったもので、イギリスのウスターシャー(Worcestershire)州のウスター(Worcester)市が発祥の地とされる。一説によると、インドのベンガル州の総督がイギリスに帰国したのちもインド風ソースの味が忘れられず、ジョン・リーとウィリアム・ペリンズが経営するドラッグストアに依頼してソースを試作してもらったという。

しかし、香辛料とアンチョビ(イワシの一種)を使ったこのソースは匂いがひどくて、とても使えるような代物ではなかった。仕方なく地下室に寝かしておいたところ、偶然にも数年後にうっとりするような味のソースが出来上がっていた。このソースは二人の名前をとって、一八三七年にリーペリン・ブランドとして売り出された。今日、同社のソースは王室御用達として、イギリス国内の九七%を独占している。

その後、日本では明治屋がリーペリン社のウスターソースを輸入したことがあったが、これに先駆ける一八八七年前後からオリジナルをまねたウスターソース作りが始まっていたようだ。試行錯誤の末、酸味の効いた少し辛めのリーペリン・ブランドとは違って、野菜や果物を加えることで日本人好みの甘みのある味を引き出し、ここから中濃・濃厚・トンカツ・お好み焼きソースも誕生した。

これとは別に、ニコニコ動画にアップされている「イギリス人の友人が選ぶ美味しいと思う日本の食べ物」は、日本を旅する四人のイギリス人が日本料理ベスト10を選ぶもので、一位が枝豆、二位がオムライス、三位が焼き鳥、四位がカップヌードル(別枠でラーメン)、五位がわさビーフ、六位が天ぷら、七位が焼肉、八位が親子丼、九位がカレーライス、一〇位が寿司だった。枝豆やわさビーフ（ワサビ風味のポテトチップス）はまったくの想定外。カップヌードルにマヨネーズを入れると味が引き立つなど、口のこえたイギリス人ぶりが見てとれる。

だがここで特筆したいのは、二位のオムライス。というのは、オムライスに欠かせないケチャップもまたウスターソース同様、イギリス人が東南アジアの魚醤を元に発明したと言われるからだ。伝統に固執するイギリス人は、無意識のうちに自国から伝わる味を日本の料理の中に探し求めているのかもしれない。

フランス料理を超えたイギリス料理？

とかくイギリス料理はまずいという評判だが、その中にも胸を張って美味しいと言えるものがある。いみじくも作家のサマセット・モームが「イギリスで美味しい食事がしたければ、一日に三回朝食をとればいい」と言ったように、イングリッシュ・ブレックファストは万人におすすめできる数少ないイギリス料理であるに違いない。しかし、モームはパリ生まれのイギリス人である。

イギリスが誇るこの朝食は、一九世紀のヴィクトリア女王の時代に完成したスタイルだ。オレンジジュースに紅茶かコーヒー、これに薄切りトースト。大きめのお皿には、目玉焼き、ソーセージ、ベーコン、マッシュルーム、ベイクド・ビーンズ、焼きトマトなど、彩りは鮮やかでボリュームたっぷり。産業革命以降、労働者は体力勝負だったので、この頃からお腹いっぱい朝食をとる習慣ができたようだ。

ただ、このイングリッシュ・ブレックファストは場所によって呼び方が異なる。というのは、イギリスの正式名称は「グレートブリテン及び北アイルランド連合王国」で、イングランド、ウェールズ、スコットランド、北アイルランドと四つのカントリーから構成されているからだ。完全な主権国家ではないが、四つの国があるようなもので、個性の強いケルト系のスコットランド人とアイルランド人は、アングロサクソン系のイングランド人優位のこの国でわがままに自己主張しながら同居している。

ブリティッシュ・ブレックファストまたはフル・ブレックファストと呼べば、四方丸く収まるのだが、見た目にはあまり大差ない朝食を自国の名を冠してスコティッシュ・ブレックファスト、アイリッシュ・ブレックファストと呼ぶ。ウェルシュ・ブレックファストと言わないこともないが、ウェールズは一三世紀の昔に併合されているので、呼称にはさほど強いこだわりがないようだ。

スコットランド人はもっぱらケチだと言われるが、大食漢が多いので朝食の量は多い。朝食にはハギスという羊の内臓の挽肉と玉ネギやオートミールなどを羊の胃袋に詰めて蒸した（または茹でた）この地方の伝統料理が載っている。食材を知るとちょっと恐ろしくなるが、意外に臭味もなく、味はこってりしていてスコッチウイスキーによく合う。

かたや、ブラックジョークで他人をおちょくるのが大好きなイングランド人から頭が悪いとバカにされているアイルランド人は、実際には気取りがなく、社交的で話し好き。家族の絆が強く、人間関係も濃い。そんなお国ではアイリッシュ・ブレックファストの紅茶も濃く、ソーセージやベーコンなどの肉類は念入りに油で炒められている。

ところで、最近イギリスでは料理に対する認識が大きく変わりつつある。かつて料理といえばメイドや給仕の仕事という見方が支配的で、階級社会のこの国では憧れの職業とは言い難かった。ところが、若手料理家のジェイミー・オリヴァー氏が出演したＢＢＣの料理番組『裸のシェフ』が大ヒットし、若者が料理の世界に憧れを抱くようになった。この番組はテレビ東京で紹介されたほか、ＮＨＫ教育テレビでもオリヴァー氏の『人気シェフが行く イギリス料理をおいしく！』を放送したことで日本でもお馴染みだ。

このブームに乗って一気にイギリス料理の悪評を払拭しようと、日本では二〇一三年からイギリス大使館が「Food is GREAT: A Taste of Britain ためしてみて、美味しいイギリス」というキャンペーンを展開。その中の「あなたが決める英国料理のフルコース・ソーシャルメディアキャンペーン」では、応募者の中から選ばれた二〇人が大使公邸に招かれて、イギリス料理のフルコースランチでもてなされた。

このときのメニューは、グリーンピースとズッキーニのスープ、ローストビーフ＆ヨークシャープディング、デザートはルバーブとストロベリーのトライフル。ローストビーフは日曜日に食べるイギリスの伝統料理で、牛肉の塊をオーブンでこんがりと蒸し焼きにするものだが、赤みのあるミディアム加減に焼くのがベストだ。これに、小麦粉と卵と牛乳から作るシュークリームの皮のようなヨークシャープディングが添えられるが、やはり料理全体にグレービーソースをいっぱいかけて食べる。

そんな努力の甲斐《かい》あって、世界のグルメレストランを紹介する『ミシュラン・ガイド』（二〇一六年版）では、イギリスは三つ星レストラン（それを味わうために旅行する価値がある卓越した料理）が三軒、二つ星レストラン（極めて美味であり、遠回りをしてでも訪れる価値がある料理）は二二軒選ばれた。このうち二つ星に、光栄にも日本レストランが二軒入った。一つ星（その分野で特に美味しい料理）にあってはまさにキラ星のごとく、一三二軒の店が紹介されている。

これに対して、〝食のフランス〟は三つ星が二軒、二つ星が一〇軒、一つ星が四二軒と、なぜかイギリスに大きく水を開けられてしまった形だ。

それでは最後に、階級社会の頂点に立ち、国民から広く敬愛されるイギリス王室では、いったいどんな食事をしているのか、こっそり紹介したい。

しばしばウィンザー城にゲストを招いて開かれる晩餐会《ばんさんかい》では、オードブルのカナッペが大好評。二〇人ものシェフが最高級のローストビーフ、茹でたエビ、チョコレートムースにマスカットなどを載せたカナッペを一万五〇〇〇個も作るが、あっという間に平らげてしまうという。そしてメインディッシュはというと、オーブンでこんがり焼き上げた柔らかい鴨肉にオレンジ果汁・白ワイン・肉汁を煮詰めたソースをかけた『鴨肉のオレンジソース・ロイヤル風味』が王室の定番だ。

ところが、である。エリザベス女王の大好物はオレガノ入りの特性マヨネーズをかけた「フィッシュ&チップス」だというのである。結局のところ、フィッシュ&チップスこそがすべての階級を代表し、四つの民族すべてを納得させられるイギリス料理であるようだ。

茶の湯に通じる紅茶のマナー

リプトン、トワイニング、ブルックボンド、フォートナム&メイソン、ハロッズ、ウィッタード・オブ・チェルシー、ウィリアムソン・ティー、アーマッド・ティー……どれもイギリスを代表する紅茶の老舗だ。

それゆえ、イギリス人がどれほど紅茶好きかを物語るエピソードには事欠かない。たとえば、「第二次大戦中の前線からの電報」というジョークにはこんなものがある。

ドイツ軍「至急、ソーセージとジャガイモを送られたし」
フランス軍「至急、チーズとワインを送られたし」
イタリア軍「至急、パスタとエスプレッソを送られたし」
ソ連軍「至急、ウオッカを送られたし」
イギリス軍「午後四時までに、紅茶を送られたし」

実際、朝鮮戦争に国連軍として参加したイギリス軍からの砲撃は、午後四時のアフターヌーン・ティーの時間帯にはピタリと止んだという。また、イギリスの登山隊がエベレスト頂上でティータイムを楽しんだという逸話もある。

そんなイギリスの紅茶は、そもそも紀元前から中国で飲まれていたお茶を、一七世紀前半にオランダ商船が買い付けてヨーロッパへ運んだものだった。ちなみに紅茶も緑茶も同じ茶の樹から作られ、その違いは単に製造工程の違いによる。すなわち緑茶は発酵させない「不発酵茶」で、紅茶はしっかり発酵させる「完全発酵茶」。緑茶は渋みを抑えて甘みを出し、紅茶は香りとコクや渋みを出すように製造されている。

中国から入ったお茶なのに、イギリスの紅茶には特別な高級感があり、上流階級の香が漂うのにはわけがある。というのは、紅茶をイギリスの宮廷に伝えたのはポルトガルのブラガンザ王家からチャールズ二世に嫁いだキャサリン王妃だった。王妃の祖国のポルトガルでは、すでに紅茶が飲まれていたが、イギリスにはまだほとんど輸入されておらず、紅茶は貴重品だった。東洋趣味で紅茶通のキャサリン王妃が、宮廷にティータイムを設けたことで、のちに王侯貴族の間で紅茶を飲むのがひとつのステイタスとなった。

しかも王妃がイギリスに嫁ぐに当たり、当時ポルトガル領のインドのボンベイ（現ムンバイ）を持参金代わりにしたことで、イギリスはボンベイを足掛かりに紅茶貿易に乗り出し、やがて紅茶は庶民階級にも普及することになった。

だが紅茶が受け入れられたのは、ほかにも理由がある。イギリスの水は硬水で、カルシウムやマグネシウムを多量に含んでいるので飲料には適さない。そこで水代わりに安全なビールが飲まれたが、おかげでアル中が増えるばかり。牛乳は腐りやすく、コーヒーはフランスやオランダに独占されてしまっていた。それに加えて、一六六五年にロンドンでペストが大流行した際、紅茶には殺菌作用があることから、ますますイギリス人の間に定着していった。

実際、イギリス人一人当たりの年間の紅茶の消費量は二・六キロで、毎日「アーリーモーニング・ティー」、あるいは「ブレックファスト・ティー」か「ナイト・ティー」まで、四、五杯の紅茶を飲んでいる計算になる。イギリス人にとって紅茶は単なる食の一部でなく、文化であり、マナーであり、憩いであり、生活であり、人生そのものでもある。

ところで、イギリスの宮廷で発達した紅茶文化にはしきたりやマナーがある。ティータイムのおもてなしに対して、紅茶の味、香り、色を誉めるのはもちろんのこと、ティーカップの色や絵柄、テーブルのディスプレイや銀食器などについても言葉を添えるのは、日本の茶の湯に通じるものがある。

また、アフタヌーン・ティーのときのティーカップは右手の指で、ティー・フーズは左手の指で持つのが基本的なマナー。食べる順番は、最初にサンドウィッチ、次にスコーン、最後にケーキと決まっている。もし最初にケーキを食べてしまったら、サンドウィッチとスコーンに手をつけてはいけないと主張するのが体制派の意見だ。

だが、伝統のミルクティーについては、先にミルクを入れる「ミルク・イン・ファースト（Milk-In-First）」派と、紅茶を先に入れる「ミルク・イン・アフター（Milk-In-After）」派の二大派閥に分かれ、どちらが正統なマナーかを巡る論争には決着がついていない。とは言いながら、イギリスで消費される紅茶の九六％はティーバッグで、紅茶にビスケットを浸す「ダンク」というお行儀の悪い食べ方が一般的だから、もはや紅茶は上流階級から庶民階級のものになったということなのだろう。

フランス

正式名称　フランス共和国
首　　都　パリ
面　　積　544,000km²
人　　口　6,633万人
主な宗教　キリスト教（カトリック）約7割

ワインで人物鑑定!?
独善的な気質が生んだ
世界最高峰の料理の秘密

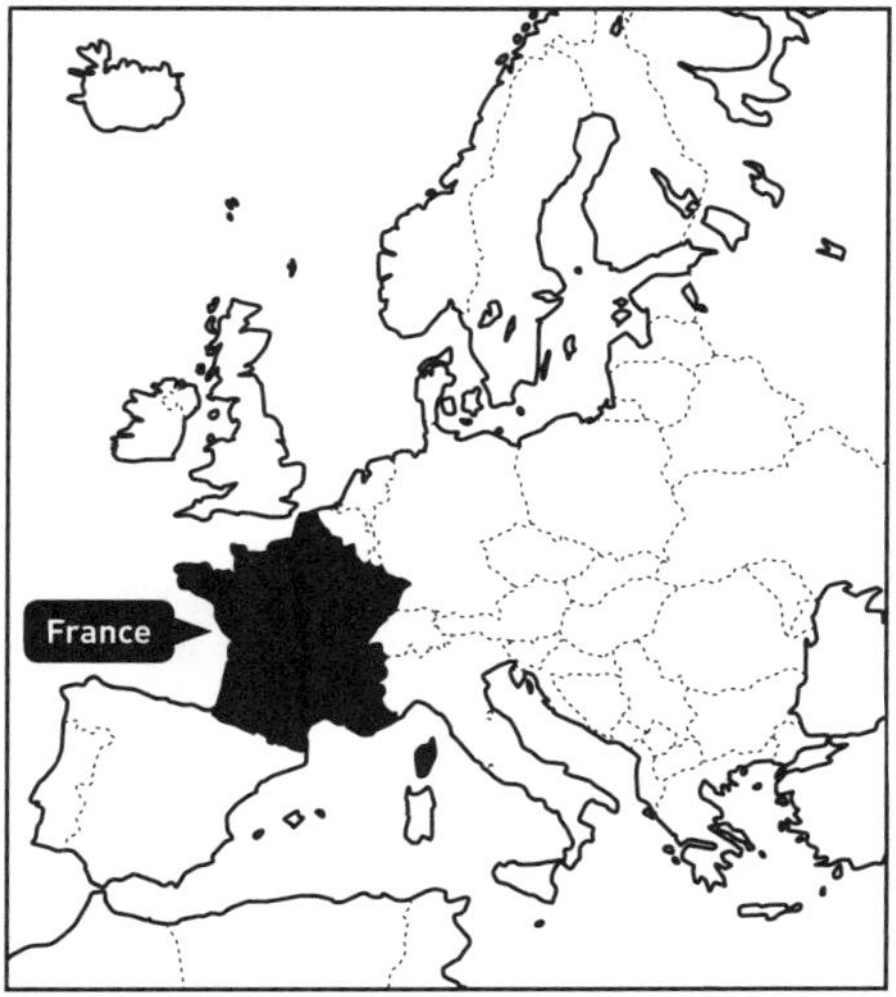

可憐《かれん》な宮廷料理の陰に愛に生きる女性あり

「パンがなければケーキを食べればいいじゃない⁉」

原文のフランス語は「Qu'ils mangent de la brioche!」（キル・マンジュ・ドゥ・ラ・ブリオッシュ）で、直訳すると「彼らにケーキを食べさせなさい！」という意味になる。

これはフランス革命でルイ一六世とともに断頭台の露と消えた王妃マリー・アントワネットの言葉と信じられてきた。その根拠になっているのがルソーの自伝『告白』だが、最近の研究ではマリー・アントワネットが実際に言ったかどうかは疑わしいようだ。

オーストリアから嫁いだマリー・アントワネットは、かの女帝マリア・テレジアの一六番目の子どもで、ウィーンの食文化をフランスにもたらした。今ではアルザス地方の名物になっているクグロフという穴のあいた帽子型のお菓子はマリー・アントワネットの大好物だったし、クロワッサンやコーヒーを飲む習慣も彼女がもたらしたものだと言われる。

また、チョコレートはスペイン王女アンヌ・ドートリッシュがルイ一三世に嫁入りした際に持参したもので、しかも息子のルイ一四世もチョコレート好きのスペイン王女マリー・テレーズと結婚したことで、フランス全土に広まった。フランス人のすごいところはクロワッサン、クグロフ、チョコレートに限らず、他国のものを自国のオリジナルと思わせてしまうところだ。ベルギーのフリッツやムール貝の白ワイン蒸しもそうだ。フランス人には他国の食文化を自分のものにしてしまうチャッカリ気質、美味しい料理は自分のものという食文化の所有欲がある。そのうえ、フランス人こそが世界で最も教養のある文化的な民族と信じて疑わない。

しかし、そもそも世界三大料理の最高峰に位置するフランス料理は、一五三三年にイタリアのメディチ家のカトリーヌ・ド・メディシスが、のちの国王アンリ二世にお輿入《こしい》れしたことに始まる。それゆえフランス宮廷料理は、トスカーナ地方の料理の影響を受けている。またカトリーヌは、砂糖菓子、マカロン、スポンジケーキ、アイスクリームをフランスに伝えたことでも知られる。

確かに、一四世紀のフランスには、中世の料理を集大成した『ル・ヴィアンディエ』を著し、フィリップ六世、シャルル五世、シャルル六世に仕えたタイユヴァン（本名ギョーム・ティレル）のような優れた料理人が現れた。

それ以前の一二世紀頃までの料理は焼いた肉の塊と茹でた野菜くらいのもので、一四世紀を過ぎてようやくシチューらしきものが登場する。タイユヴァンの時代は、スープ、ポタージュ、パイなどのほか、白鳥、クジャク、アオサギ、シカなどの高級食材を使った料理も現れた。だが、白鳥やクジャク料理は、味の工夫よりも羽を広げて生きているかのように美しく飾りつけることにポイントがおかれたり、当時は非常に貴重だったシナモンや丁字などのスパイスをやたらに振りかけたり、ローストしたしょっぱい肉に甘いフルーツソースを添えるといった味のコントラストを楽しむというくらいのものだった。

かたやカトリーヌがフィレンツェから連れてきた料理人は、中世の食べ慣れた料理ではなく、食材は肉以外に魚やジビエのほか、トリュフ、グリンピース、ブロッコリー、アーティチョーク（朝鮮あざみ）というこれまでに見たこともない野菜も使って、新たな料理を披露した。彼女が毎晩開いたサロンでは、すり身団子のクネル、鶏のトサカ、仔牛や豚の肝臓や脳みそのシチューといった珍しい料理も紹介された。

しかし、それ以上にフランス宮廷に衝撃を与えたのは、食のマナーだ。当時、フランス王侯貴族とはいえナイフで切った肉を手づかみで食べていたばかりか、スープにも指を突っ込んで具をすくって口に運び、濡れた手をナプキンで拭うという、今では信じられないような下品な食事の仕方をしていた。これはなにもフランスに限らず、ヨーロッパはどこも似たり寄ったりで、ルネッサンス（文芸復興）を成しとげたイタリア、特にその発祥の地であるフィレンツェが食のマナーでも時代に先駆けていた。そんな文化都市からやって来たお上品なカトリーヌの目には、フランスの王侯貴族は野蛮に映ったに違いない。

彼女がサロンで、フォークを使った五〇にも及ぶ食事の作法を教えたことは、宮廷に新風を吹き込んだ。このとき食卓や調理器具のほか、ガラス製品、銀製品、釉薬《ゆうやく》を塗った陶器も持ち込まれた。東方貿易で栄えたメディチ家のおかげで、香辛料と砂糖が自由に手に入ったことも、フランス料理に大きな進歩をもたらした。

その後、一七世紀半ばに即位した〝太陽王〟と称えられるルイ一四世は、日本の醤油も愛用していたというほどの美食家で、彼の治世にフランスは本格的なガストロノミー（美食）の時代を迎える。この時代にはフォークは普及していたが、ルイ一四世は一本のナイフと自身の指を使って食事をするのを好んだという。

また、ルイ一四世には三二四人ものお抱えの料理人がいた。王の食事は、一日三回。朝は九時過ぎに、お付きの者と二杯のワインとスープ。「小膳式の儀」と呼ばれる昼食は、高位の廷臣と貴族が立って見守る。そのメニューはというと、四皿のサラダに四皿のスープ。それにステーキ、ハムが二枚、ラム肉、ゆで卵、最後に菓子と果物になっていた。

夜は一〇時に〝グラン・クヴェール〟という晩餐会を催した。ここでは、ルイ一四世のほかに二〇人のゲストが着席する。王の後ろに控える守衛長、給仕長、医師のほかに給仕が六人。しかもテーブルを遠巻きにして、たくさんの見物人が陣取っていた。ルイ一四世は、二八品目もの料理が並んだ豪華絢爛《けんらん》たる食事会を大衆に示すことで、自己の権威を誇示した。宮廷料理は、壮麗なベルサイユ宮殿同様、絶対的な王権の象徴でもあった。しかし、いくらルイ一四世が大食漢とはいえ、全部の料理を食べきれるわけもなく、一瞥しただけで、大半の手つかずの料理は家来が宮殿の外にこっそり持ち出して売りに出していたという。

食事は、すべて侍従長が毒見をした後、広いベルサイユ宮殿の階段を上り下りし、長い回廊を通り抜け、国王の御前に並んだときには、もうすっかり冷めてしまっていた。それでも猫舌のルイ一四世には、あまり気にならなかったかもしれない。

その後、宮廷料理はルイ一五世の時代へと引き継がれてゆく。ルイ一五世は、ルイ一四世とは正反対で人前で食事をとるのを嫌い、小部屋で静かに会話を楽しみながら優雅に食事をした。しかも大量の贅沢《ぜいたく》な料理は、上品で洗練された質重視の料理へと変わっていった。

この時代、料理人は競い合ってパトロンである王侯貴族の期待に応えようと、創意工夫を凝らした新たな料理を生み出し、料理にパトロンの名前をつけるのが一種のブームとなった。古くは、カトリーヌ・ド・メディシスに捧げられたスープ「ポタージュ・ア・ラ・メディシス」がある。このほか「舌平目のポンパドゥール風」「仔羊の背肉ポンパドゥール風」「石鯛のポンパドゥール風」など、「○○のポンパドゥール風」という料理は数知れない。このポンパドゥールとは、政治にあまり興味がなかったルイ一五世に代わって、国政を動かした才色兼備の愛妾ポンパドゥール夫人の名前からとったものだ。

次にルイ一五世の後を継いだルイ一六世の時代になると、料理技術は著しく進歩し、キャビアやビーフステーキ、カレーなどの外国料理が登場する。また新大陸から入ったトマト、ジャガイモ、トウモロコシ、カボチャ、アボカド、落花生、ココア、バニラなどの新たな食材が、宮廷料理にいっそうの色彩を添えた。

ルイ一六世も人間離れした食欲と精神力の持ち主だったようで、ギロチンにかけられる日も牢獄《ろうごく》で満腹になるまで食べた後、昼寝をしたという。フランス宮廷料理は、このルイ一六世と王妃マリー・アントワネットの処刑をもって新たな局面を迎えることになる。

フランス宮廷料理は、王に近い女性の影響を受けて発展した。フランスは美食の国であり、恋愛の国でもあることを思えば、至極もっともなことだろう。

食文化におけるフランス革命の意義

自由・平等・博愛を掲げて絶対王政を打倒したフランス革命は、王を頂点とするアンシャン・レジーム（旧体制）を崩壊させ、貴族にも聖職者にも属さない「第三身分」という新たな市民階級を生み出した。革命の意義については今もっていろいろ議論されるところだが、フランス革命が料理史に与えた影響というのも見逃せない。

というのは、王侯貴族に雇われていたお抱えの料理人は職を失い、そのままでは路頭に迷うことになる。生きてゆくために、ある者は新興ブルジョワジーの料理人として再就職し、またある者はパリの市中で仕出し屋、お菓子屋、レストランという新ビジネスに挑戦する。

当時の市民は、塩漬けの豚肉、野菜スープ、ライ麦パン、それに安いワインがあればいい方で、宮廷料理とは無縁の質素な食事をとっていた。そんな人々にも、王侯貴族の料理を食べる機会が与えられた。革命前にはまだ五〇軒ほどしかなかったレストランは、一九世紀の前半になると三〇〇〇軒にも増えた。革命はそれまで特権階級が独占していた宮廷料理を平民に開放し、ひいては美食家、美食文化を生み出す役割を担った。

フランス食文化をつくった偉人たち

美食家と言えば聞こえはいいが、革命前の美食家は大食漢と同じようなネガティブな印象しかなかった。しかし、革命後の一八世紀末から一九世紀にかけて、現代フランス料理の基礎を築いた歴史に名高い料理人や美食家と言われる人々がキラ星のように現われ、フランス食文化は急速な進展を見せた。

その中の一人に、「国王のシェフ」「シェフの帝王」と呼ばれたアントナン・カレーム（一七八四〜一八三三年）がいる。カレームの父親は建築現場の下働きで、二五人も子どもがいたというから、まさに貧乏人の子沢山を絵に描いたような生活だった。カレームが一〇歳のとき、最後に安食堂で一緒に食事をとった後、父親は「何かするには才気さえあればいい。お前にはそれがある」と激励し、幼い息子に家を離れるよう言い渡す。

実際のところ、家を追い出されたカレームは小さな食堂の見習いとして働き、一七歳のときに「バイイ」という菓子店にやはり見習いとして職を得る。努力家の彼は時間を惜しんで本を読み、仕事に必要な知識を独学した。そんな彼に、やがて大きなチャンスが訪れる。フランス革命が終わり、ナポレオンがイギリスとの間で条約（アミアンの和約）を締結するに当たって、記念祝宴会のデザート作りの大役を仰せつかったのだ。そのときマジパンや焼き菓子などから作ったカレームのピエス・モンテ（飾り菓子）が、絶大な称賛を浴びる。のちに寺院やピラミッドなど、有名な建築物を模した巨大なピエス・モンテも手掛け、次第にパリで名声を博していった。

バイイの店主が政治家のタレーランの家に出入りしていたことが縁で、カレームは彼の屋敷で一二年間働くことになる。この間、ナポリ王ミュラに仕えていたラギピエールをはじめ一流の料理人から一級の技術を学んだ。また、ピエス・モンテの技術を料理の世界にも持ち込んで、料理を美しく飾ってみせた。

外交官であり、政治家として外相や首相まで務めたタレーランは、「金儲けに精を出していないときは、陰謀を企んでいる」と言われるほど権謀術数に長けた政治家で、ナポレオンには「絹の靴下の中の糞《くそ》」とこきおろされた。また、タレーランはかなりの美食家で、美食外交の元祖と言われる。かたやナポレオンは美食家ではなかったが、タレーランにヴァランセ城を購入させ、外賓の接待のための拠点とした。タレーランはこの城にカレームを呼んで、季節の食材だけを使って、しかも一年三六五日毎日違う料理を作るよう命じた。そんなメチャクチャな命令が、カレームの料理人としての才能をますます開花させた。

やがてナポレオンを裏切って失脚に追い込んだタレーランは、ナポレオン戦争後の秩序回復と領土問題を話し合うウィーン会議にフランス代表として出席する。有名な「会議は踊る、されど進まず」の言葉通り、会議は決定を見ないまま徒《いたずら》に時間ばかりが過ぎていった。この間、タレーランは何度も美食の宴を催している。ヨーロッパ列強の紳士淑女は、これまで味わったことのないカレームの創作料理と質の高いフランス製シャンパンに酔った。タレーランは功名な外交術で各国元首を手玉に取り、連合国間の利害の対立を利用して、敗戦国フランスに有利な決定を引き出した。

ウィーン会議の大任を果たしたカレームは、次にロンドンに赴いて摂政王太子（のちのジョージ四世）の料理人となり、その後はサンクトペテルブルクでロシア皇帝アレクサンドル一世、そしてまたウィーンに戻ってオーストリア皇帝フランツ一世に仕えた後、パリの銀行家のジェームス・ロスチャイルド家の料理長として働いた。幼くして路上に放り出された少年は、各国元首のために料理を作り、陰で歴史を動かす世界一の料理人になった。

日頃から議論が大好きで、他人の話には素直に同調せず、ましてや他人を尊敬するのが苦手なフランス人だが、なぜか立身出世物語やヒーローには弱い。しかも、食べることに執着し、食事に深い意味を見い出すフランス人にとって、カレームはまさに文句なしの偉人なのだ。

カレームの後の時代を引き継いだのが、オーギュスト・エスコフィエ（一八四六〜一九三五年）で、彼はカレームの料理を単純化、体系化したことで知られる。エスコフィエは一三歳で叔父のレストランの見習いとなり、三〇を過ぎて自分の店を持った。ここまでは平凡な人生だが、〝ホテル王〟セザール・リッツと知り合ったことで、その後の人生が大きく開ける。〝ホテル王〟は、〝料理の神様〟を見出し、モンテカルロのグランドホテル、ロンドンのサヴォイホテル、カールトンホテルの料理長に任じ、やがてどのレストランも一流の評価を得る。

エスコフィエの偉業は、料理人の地位の向上に尽くしたこともそうだが、現代の料理人からも〝フ

フランス

ワインで人物鑑定!?　独善的な気質が生んだ世界最高峰の料理の秘密

ランス料理のバイブル〟と仰がれる『ル・ギード・キュリネール（料理の手引き）』の中で、五〇〇〇を超える料理のレシピと基本技術をまとめたことにある。そんな功績が認められ、フランス最高栄誉のレジオン・ド・ヌール勲章を二つも受賞した。

しかし、フランスが美食文化を確立したのは料理人だけの功績によるものではなく、美食家であり料理批評家と呼ばれる人間の存在があってのことだった。なにしろフランス人は、他人を批評するのが三度の飯と同じくらい大好きなのだ。

そんな料理批評家のうち、よく知られた異なるタイプの二人を紹介しよう。まず最初のグリモ・ド・ラ・レニエール（一七五八〜一八三七年）は、レストランの格付けのミシュランガイド（レッド・ミシュラン）に先立つこと一〇〇年、『食通年鑑』を発行して料理批判を展開した。またグリモはかなりの変人で、当時パリで開催した奇をてらった午餐《ごさん》会は、今でも世界で最もユニークな食事会として語り継がれている。

午餐会の招待客は大広間で待たされるのだが、薄気味悪い真っ暗な部屋には、ドクロの燭台《しょくだい》に立てられたロウソクの火が揺らめいている。食事の合図は、葬儀の埋葬式で打ち鳴らす教会の鐘の音。次に通された部屋はやはり薄暗く、壁は真っ黒。しかもテーブルは柩《ひつぎ》を載せる台でコップは骨壺と、ますます招待客の背筋は寒くなる。そのうえ給仕人の格好は、葬儀人という徹底ぶりだ。

突然ロウソクの火が消えて、一瞬、何も見えなくなった。すると壁には幽霊のような影が映し出され、次の瞬間、花火が炸裂する。しばし騒然となる中、雰囲気は一転。いつの間にか黒い壁紙は剝《は》がされて、壁には美しい花々の絵が描かれ、鳥のさえずりが聞こえる。まるで野原にでもいるようだ。葬儀人も、若い羊飼いに変身していた。

そういう凝った演出がうけて、グリモの名はパリ中に知れ渡った。しかし、料理を判定する一二人で構成されるべきはずの審査会は、実はグリモ一人しかいなかったことがバレて信用を失墜し、パリを去って晩年は一人寂しく暮らしたという。

もう一人の料理評論家は、『味覚の生理学（美味礼賛）』を著したブリア＝サヴァラン（一七五五〜一八二六年）だ。二三歳のときに弁護士となったサヴァランは、その後、民事裁判所長官、大審院判事とトントン拍子に出世街道を駆け上がった。ところが革命の嵐が吹き荒れる中、彼は王党派と見なされ、処刑されそうになる。すんでのところでスイスに亡命したサヴァランは、そこから米国のニューヨークへと逃れる。やがてフランスに帰国を許された彼は、パリ控訴裁判所の裁判官に復帰する。前半生は波乱万丈の人生だが、後半生は祖国に戻って堅実な人生を送った。

また、グリモは自分から外に向かって積極的に発信したが、サヴァランは内向きで『味覚の生理学（美味礼賛）』は死の二カ月前に匿名で出版された。サヴァランの文章には含蓄があり、軽妙で洒落《しゃれ》が効いている。グリモがホラー小説の脚本家ならば、サヴァランの本には哲学書の趣きがある。

フランス革命後、王侯貴族の宮廷料理が市民に根づくには、偉大な料理人と美食家と呼ばれる料理批評家の存在があった。フランス人は、そういう食文化に人生を捧げた人々をいつまでも忘れることはない。

十人十色の地方料理

フランス南西部のドルドーニュ県では、紀元前一万五〇〇〇年前の旧石器時代にクロマニョン人が描いたラスコー洞窟の壁画が発見された。壁画には人間のほかに、馬・山羊・羊・野牛・シカ・カモシカなどが描かれている。鉄器時代になると、ガリアと呼ばれたこの地域にはガリア人とケルト人が居住。紀元前五一年から約五〇〇年間、ローマ帝国の支配下でケルト人のラテン化が進んだ。その後、ゲルマン系のフランク族の統領シャルルマーニュ（カール大帝）が、全土を制圧し、フランク王国を建国。やがてフランク王国は分裂して、現在のフランス、ドイツ、イタリアの元を開いた。

そういった歴史、民族、文化が、料理の中に生きている。またフランスは、ベルギー・ドイツ・スイス・イタリア・スペインなど八つの国と国境を接しているが、どの国に隣接するかによっても地方料理は異なってくる。コルシカ島も含めてフランスには、一三の地方（レジオン）があるが、ここでは大きな地理的なくくりの中で地方料理を紹介したい。

まずパリのあるイル＝ド＝フランスは、ルイ一四世の時代にも人気が高かった舌平目のムニエルといった宮廷料理のほか、森林に恵まれているため秋から冬にかけては、カモ（canard／カナール）、マガモ（colvert／コルヴェール）、キジ（faisan／フザン）、山ウズラ（perdreau／ペルドロー）、野ウサギ（lièvre／リエーヴル）、イノシシ（sanglier／サングリエ）、雌ジカ（biche／ビッシュ）などのジビエ料理が楽しめる。

次に東北地方を見渡すと、ドイツの影響を受けたアルザス地方の代表的な料理は、ザワークラウト（キャベツの酢漬け）、豚肉、ジャガイモを白ワインで煮込んだシュークルート。その南のブルゴーニュ地方は、牛肉を赤ワインで煮込んだブッフ・ブルギニョンの発祥の地であり、雄鶏を赤ワインで煮込んだコック・オ・ヴァンも見逃せない。そして忘れてはならないのが、バター、パセリ、ニンニクで味つけした「ブドウ畑のエスカルゴ」と呼ばれるエスカルゴ料理。「カタツムリはちょっと苦手」と言う人も多いが、現地で食べると、なぜかカタツムリが貝の一種に思えてくるから不思議だ。

南東地方に目を向けると、〝食のリヨン〟にはコショナイユ（ハム、ソーセージ、パテなど）や、はんぺんのような川カマスのすり身のクネルがある。クネルには、ザリガニやオマールでとったソースがかかる。

また、スイスに近いローヌ・アルプス地方を代表する料理が、ジャガイモ、チーズ、ハムやソーセージを鉄板で焼いたラクレット。サヴォワ地方やドフィネ地方には、日本人好みのクロジフレット（クロゼパスタとルブロションチーズのグラタン）、タルティフレット（ジャガイモとルブロションチーズのグラタン）といったグラタン料理がある。

他方、地中海を臨むコート・ダジュール・プロヴァンス地方の料理は、南イタリアやスペインのカタルーニャ地方に似て、トマト、オリーブ、オリーブオイルを多用するほか、魚介類を使った料理が食卓を飾る。オリーブ、ツナ、アンチョビ、卵が入ったニース風サラダ。トマト、ナス、ズッキーニを煮込んだラタトゥイユ。干ダラ、オリーブオイル、牛乳を混ぜてペースト状にしたブランダードなど、ほかにも盛りだくさんだ。

しかし、一度は食べてみたいのが、魚介類をふんだんに使ったマルセイユのブイヤベースだ。本場のブイヤベースはスープと具を別皿にして、ニンニクの効いたアイオリソースと薄切りのパンがついてくる。

また、野生の白馬やフラミンゴが生息するカマルグ湿原地帯には、赤ワインで煮込んだ黒い雄牛肉に、湿原地帯でとれた名産の米を添えたガルディアン・ド・トロというビーフシチューのような自慢の郷土料理がある。

さらに、南西地方には贅沢な食材を使った料理が目白押しだ。この一帯は〝黒いダイヤ〟と呼ばれるトリュフとフォアグラの産地で、世界三大珍味のうちの二つが手に入る。ほかには、白インゲン豆と羊やソーセージなどの肉類を一緒に煮込んだカスレがある。

またスペイン国境近くのバスク地方は、ミシュランガイドが太鼓判を押す星付きレストランが多いが、スペイン料理と同様でトマトがよく使われるほか、唐辛子を使った料理が見られる。赤ピーマン、トマト、ニンニク、タマネギを炒めて、エスプレットを入れて煮込んだピペラードは、この地方では最も馴染み深い家庭料理だ。

そして最後に、大西洋に面した北西地方では、豊富な魚介類、バターやチーズなどの乳製品を使った料理が発達した。ノルマンディとブルターニュの間に位置するモン・サン・ミッシェルの名物は、潮が引いた後の塩分をたっぷり含んだ草原の草を食んで育つプレ・サレという子羊の肉料理だ。ラム肉を焼いて出た脂にバターとシードル（リンゴ酒）を混ぜて煮詰めたソースと、自然な塩味の効いたラム肉のハーモニーはまさに絶品だ。

さて、一通りフランスの地方料理を紹介したが、もちろん食文化の中心のパリではすべての地方料理が楽しめる。だが、実際にそれぞれの地方を訪ねてみると、本場の郷土料理の味とともにその地方で暮らす人々の気質まで見えてくる。

粗暴で高慢、ドライで自己中心的、不親切で不愛想、遊び好きで怠け者というのが、外国人から見た〝パリジャン〟気質。とはいえパリっ子には、昔の江戸っ子のようにモノにとらわれないサバサバした一面もある。だが、パリっ子だけを見てすべてのフランス人を語れないのは、東京人だけを見てすべての日本人を語れないようなものだ。

かたや北西部のブルターニュ地方に住むケルト系のブリトン人は、地味で物静か、ひかえめで真面目な人が多い。何か気に入らないことがあるとすぐにストライキに出るパリのフランス人とは対照的に、ブリトン人はたとえ安月給でも文句も言わずに黙々と働く稀《まれ》なフランス人で、実際に多くの日本企業がこの地に進出しているのはそういった理由もある。

これに対して、一般に南仏の人々は暖かい気候と地中海の青い海を見て育ったせいか、人生を楽しむ芸術家タイプ、小さなことに一喜一憂しない楽天家が多い。特に、おしゃべりで経済観念が発達していて、パリへの強い対抗意識があるマルセイユ人気質は、その意味ではどこか関西人に通じるものがある。

また、アルザス地方の大半を占めるドイツ系のアルザス人は、王制時代に「ブルボン家に仕えるドイツ人」と呼ばれた。それゆえアルザス人気質は、実直で融通が利かず、時間に正確、いい加減な言葉を慎み、約束を守るといったゲルマン気質。

また、ピレネー山脈を挟んでフランスとスペインにまたがるバスク地方で暮らす人々は、長い間、独自の文化や言語を守り抜いてきた。歴史的には古代ローマ時代にも自治権を有し、イスラム勢力をも駆逐し、二〇世紀前半のフランコ独裁まで独立を保った誇り高い系統不明の謎の民族だ。それゆえフランス人ともスペイン人とも一線を画するバスク人は、繊細で几帳面。シエスタもとらずに一生懸命働く生真面目さがある。

してみれば、地方ごとに郷土料理が異なるように、それぞれの地方で暮らす人々の気質もまた十把一絡げにできるものではなく、まさに十人十色なのである。

エリゼ宮のワインと大統領の秘《ひそ》やかなる特権

日本人とフランス人が、二〇年間牢獄に幽閉されることになった。そのとき番人が、「一〇年に一度欲しいものを差し入れしてやろう」と言った。最初の一〇年で日本人は一〇〇〇冊の本を、フランス人は一〇〇〇本のワインを所望した。それから一〇年後、日本人は再び一〇〇〇冊の本が欲しいと頼んだ。一方、フランス人が要求したものはコルクの栓抜きだった。毎年、解禁日が待ち遠しいボジョレー・ヌーボーもいいが、フランス産高級ワインは一〇年くらい寝かせると飲み頃になるということだろうか。

ブドウの栽培に適したフランスには一三カ所のブドウの生産地があり、とりわけ二大ワインのボルドーは「ワインの女王」、ブルゴーニュは「ワインの王様」と称される。ほかにもシャンパンを生産するシャンパーニュ、ボジョレー・ヌーボーの生産地のボジョレー、ロゼが有名なプロヴァンスなど、それぞれ地方ごとに特色がある。ボルドーワインは二種類以上のブドウをブレンドして複雑なテイストに仕上げるのに対して、ブルゴーニュは単一品種という基本的な違いがある。日本人の感覚では、色が濃くて渋みのあるボルドーの赤ワインが王様で、渋みがなくすっきりした酸味があって、香り高いブルゴーニュの赤ワインが女王といった気がしないでもない。しかし、フランス人に言わせれば、ボルドーの赤ワインの特徴は、若いうちは力強く渋味があり、熟成させることによって旨味が増し、落ち着いた味わいに変化するのだという。ならばボルドーワインが女王というのもうなずける。

常時、大統領官邸（エリゼ宮）には一万五〇〇〇本ものワインが貯蔵され、晩餐会など国賓を招いた饗宴では、この中からゲストに合ったワインを選ぶのは大統領の専権事項だ。そのためフランス大統領はワインに精通していることが求められるが、大統領の気質やこだわりによって好みのワインも当然異なる。

「私がフランスだ」が口癖だったシャルル・ド・ゴールは、強引にわが道を行く、誇り高きレジスタ

フランス

ワインで人物鑑定!?　独善的な気質が生んだ世界最高峰の料理の秘密

ンスの闘志だった。シチュー、ロールキャベツ、野菜と肉の煮込みが好物だった庶民派のド・ゴールは、もっぱらシャンパーニュの「ドラピエ」を愛飲したというのも納得がゆく。

第五共和制下の最初の大統領に就任したが、軍人気質のド・ゴールは派手な社交界が苦手で、エリゼ宮の公式な饗宴時間を五五分と決めた。戦時中は粘り強く戦った憂国の士は、形式的で堅苦しい儀礼の場で畏《かしこ》まるのはせいぜい一時間が限度だったのだろう。

第二代大統領のジョルジュ・ポンピドゥーはなかなかの健啖家《けんたんか》で、伝統的なフランス料理が好きだったという。お気に入りのワインは、メドック地区のクリュ・ブルジョワの「シャトー・シャス・スプリーン」。超高級というわけではないが、エレガントで優しい口当たりの赤ワインだ。大統領になる前はロスチャイルド銀行の頭取をしていたのに、ボルドー五大シャトーに入る「ラフィット・ロートスシルト」と「ムートン・ロートスシルト」を挙げなかったのは、何か遠慮があったからだろうか。ロートスシルトとは、ロスチャイルド（英語）のドイツ語読みで、この二つの銘柄はよく知っていたはずなのだが。

第三代ジスカール・デスタン大統領は、機知の効いた時流に敏感な人だったようで、早朝、道路清掃作業員をエリゼ宮に招き入れ、カフェオレとクロワッサンでもてなしたという逸話が残る。日本料理を取り入れたヌーベルキュイジーヌ（新しい料理）騎手のポール・ボキューズに、レジオン・ド・ヌール勲章を授与した際、「スープ・オ・トリュフ・ノワール・ヴェ・ジェ・ウ」というトリュフのスープが大統領に捧げられたというエピソードもある。また、大統領を迎える際の晩餐会では「ニコラ・フィアット ワンフォー」のワインが供され、「サンセール・レ・ベルダム」の白ワインも好んで飲んだという。

美食家として知られる第四代フランソワ・ミッテラン大統領は、映画『大統領の料理人』中では家庭料理を願って食したが、日本の寿司や刺身も好きだった。愛飲のワインは、メドック地区サンテステフの「シャトー・オー・マルビュゼ」。酒質が堅めでやや地味な印象はあるが、できる限り収穫を遅らせて完熟ブドウのみを使った、繊細で高貴な赤ワインだ。格付け外のクリュ・ブルジョワとはいえ、一級シャトー並みの実力がある。派手さはないが、まさにいぶし銀の実力者といった感じのミッテラン氏にぴったりのワインだ。

第五代ジャック・シラク大統領もまた大変な美食家にして、埴輪《はにわ》と土偶の違いを正しく理解する稀有な親日家だった。愛犬に「スモウ」と名づけ、大相撲の勝敗表を大統領に速報するのが、当時の在日フランス大使館の重要な日課だったという。

ベルナデット夫人も高級ワインが大好きで、エリゼ宮には「マルゴー」や「ムートン」など一級格付けワインがカーヴを飾った。なにしろシラク氏は、「ムートン」の格付を二級から一級へ引き上げた当時の農林大臣だったわけだから。

第六代ニコラ・サルコジ大統領は、「ポニーテールの太った男同士が戦うのが、そんなに魅力的なのか」とシラク前大統領を挑発し、「タコボール（たこ焼き）を飲み込むのに三〇分もかかった」と日本食を皮肉ったりもした。

だが、英国を訪問した際は、元スーパーモデルだった夫人が、初めてファーストレディーの力量を試されたこともあって、謙虚さが目についた。エリザベス女王の晩餐会では、赤ワインはボルドー産の最高級「シャトー・マルゴー」。しかも二〇世紀最高の六一年もの。世界最高の評価を受ける辛口の白ワインのブルゴーニュ産「シャサーニュ・モンラッシェ」。樽発酵で長年熟成したまろやかな味わいの最高級シャンパン「クリュッグ・マグナム（八二年）」と、至れり尽くせりの歓待を受けた。英国王室は贅沢をしていると思われたくないので、どんな国賓にも一級ワインは控えるが、サルコジ大統領への厚遇は、フランスが英国王室を最高のワインで迎えたことに対する返礼だった。にもかかわらず、サルコジ氏はワインに興味のない稀有な大統領だったというから、もったいない。

第七代オランド大統領は、「普通の大統領」「お金より人を愛する大統領」と自己評価するが、実際には家柄が良く、成績優秀、真面目な理想主義者だが、やはりフランス人男性であることには変わりなく、見かけによらず女性に対して一途なところがある。

二〇一三年五月、エリゼ宮に所蔵するワインのうち一二〇〇本を競売にかけ、上がった収益でより廉価なワインを買って、残りを国庫収入とした。細かいことに気配りする大統領だが、「国家遺産を売りに出した」と国民から轟々《ごうごう》たる非難の声が上がった。ちなみに、エリゼ宮がワインに要する費用は、年間約二五万ユーロ（約二八〇〇万円）ほど。

ところで、一八九六年のロシア皇帝ニコライ二世を招いた晩餐会では、料理一八品に八種の飲物が供された。現在エリゼ宮でのおもてなしは料理五品、シャンパン・ワイン三種だから、規模はずっと縮小されている。そのため、量ではなく質で料理やワインの内容が決められ、ワインの格付けがそのまま主賓の格付けを表している。

たとえば、同じイギリスでもエリザベス女王のときは、「シャトー・ディケム」「シャトー・ラトゥール」「クリュグ」と、すべてが一級格付けで最高の待遇だった。一方、サッチャー首相は〝鉄の女〟と恐れられてはいたが、「シャサーニュ・モンラッシェ」(村名格付け)、「シャトー・ピション・ロングヴィル・コンテス・ド・ラランド」(二級格付け)で、女王と首相の間には大きな違いがある。しかも通常は前菜でブルゴーニュ産、メイン料理でボルドー産と相場が決まっているが、女王にはどちらもボルドー産だった。というのは、歴史的にボルドーは英国領だったこともあって、さらに気配りしてみせたというところだろう。

アメリカの場合、ブッシュ大統領(父)は、「コルトン・シャルルマーニュ」(特級)、「シャトー・シュヴァル・ブラン」(第一特別級A)、「クリュグ」(特級)だった。しかし次のクリントン大統領には、なぜかボルドーでも格付け外のポムロール地区の無名ながら秀逸の赤ワインが出された。その心は、当時まだ四七歳の若いクリントン大統領に、このテイストがわかるかどうか試したものとの見方がある。アイロニーの効いたミッテラン大統領なら、十分やりそうなことだ。

これに対し、オバマ大統領の訪日に際しての宮中晩餐会では、「コルトン・シャルルマーニュ」「シャトー・マルゴー」「ドン・ペリニヨン」と知名度抜群のトップクラスのワインを取りそろえた。

どんな国賓も差別せず、最高に遇するというのが、裏も表もない日本流のおもてなしだ。そんなワインの選び方が、フランスと日本の外交の違いを象徴しているようだ。

それでは日本の国賓がエリゼ宮に招待されたときはどうだったのだろう。一九九四年の天皇・皇后両陛下のご訪問では、「モンラッシェ」「シャトー・ムートン・ロートシルト」「クリュッグ」とすべてが最高格付けだった。一方、同年訪仏した羽田首相は、ロワールの「プイィ・フュメ」（白）、プロヴァンスの「ドメーヌ・ド・ラ・ベルナルド・サン・ジェルマン」（赤）だった。一般的にボルドーとブルゴーニュの二大ワインのほかはロワールかローヌ産を入れるものだが、羽田首相にはそれ以外のプロヴァンス産のワインが供された。エリゼ宮のワインは、時に人物鑑定の試験であったり、政権の未来を占う預言者であったりもする。

オランダ

正式名称　オランダ王国
首　　都　アムステルダム
面　　積　41,864km²（九州とほぼ同じ）
人　　口　1,700万人
主な宗教　キリスト教（カトリック24.4%、プロテスタント15.8%）、無宗教53.8%

寛容でケチな自由主義者はまずい料理がお好き!?

イギリス料理とオランダ料理、どちらが最低!?

「日本人とユダヤ人とオランダ人の三人で一緒に食事をしていた。このとき日本人は予算が足りるかどうかを考え、ユダヤ人はご馳走になったお礼に何を言おうかと考え、かたやオランダ人は割り勘にしたらいくらになるかを考えていた」というジョークがある。

英語で「ダッチ・アカウント」と呼ばれるオランダ人の割り勘は、日本人が考える割り勘とはちょっと違う。自分が飲み食いしたものは、自分で支払うという個人主義的な割り勘がオランダ流。日本人のように、食べた量にかかわらず、一律同じお金を出せというのは納得がゆかない。かといって女性は男性の半額でいいなどというのも、男女平等の国では公平性に欠ける。男女平等と言うと聞こえはいいが、オランダ人がケチなのはヨーロッパでは周知の事実だ。

というのは、一七世紀後半に漁業・貿易・植民地をめぐってオランダと三度も制海権を争った（英蘭戦争）、かつてのライバルのイギリス人がオランダ人のケチぶりを吹聴しているからだ。そんなイギリス人が割り勘のことを「ダッチ・アカウント」と言い始めた。「ダッチ・ランチ」と言えば、ヒラヒラの薄切りの肉とチーズだけの冷たいプアーな昼食を指す。また「ダッチ・サパー」とは自前の寂しい夕食のことだ。とにかく英語で「ダッチ」はケチの代名詞のようなもので、これが付いた言葉にはろくなものがない。

しかし、まんざらイギリス人がそう呼ぶのも理由がないわけではない。瓶などの容器の内側にへばりついたジャムやヨーグルトを掻《か》き取るための「瓶掻き棒」という日用品は、オランダ人にしか発明できない代物だし、事実こんなものを使っているのはオランダ人だけだ。

必要は発明の母。最近、オランダの大手家電メーカーのフィリップスが、油を使わずに揚げ物ができる画期的な「ノンフライヤー」と呼ばれる商品開発に成功。これは油がもったいないというだけでなく、きれい好きなオランダ人はキッチンの油汚れが大嫌いだからだ。特に揚げ物と魚の臭いが気になるらしい。それもあってオランダ料理はなるべく焼いたり揚げたりせず、煮込むものが多い。

そうは言っても、オランダ人はフライドポテトや、挽肉《ひきにく》や小エビが入ったクリーミーなコロッケ(クロケット)が大好きだ。街中に缶入りジュースはなくても、コロッケの自動販売機が置かれている。だから油汚れは嫌いでも、どうしても揚げ物は避けられない。そのため国民の四分の三以上が、換気扇は電子レンジや食器洗い機より重要だと答えている。フィリップスの発明は、国民気質と需要に応えたものだった。

そんなオランダ人の気質から、料理は至ってシンプル。スウェーデンで生まれ、本社をオランダに置く世界最大の家具会社のイケアの調査(二七カ国四〇〇〇人を対象)によれば、食べることに価値を見出さないこの国の人々が、調理にかける時間は一日平均四〇分だという。

また男性に関するアンケートでは、近年、料理をたしなむ男性は増えたとはいえ、世界的に見れば料理する男性はまだ一五%ということらしい。これに対してオランダ人男性は二〇%と、五人に一人が料理する。他方、料理する日本人男性は四%と世界最低。オランダ人男性に比べて、日本人男性の家庭への貢献度は低い。

しかしながら、世界一調理時間が短いオランダ人の中には、包丁も持っていない人がいるというから驚かされる。そのくせ『デイリー・テレグラフ』紙の調査によれば、オランダ人は一番大切な場所はキッチンだといい、プラーベートな時間も含めてキッチンで五時間以上も過ごすという人が五七%もいる。だが、料理しないでキッチンが好きだというオランダ人の心理は理解しがたい。

カルヴァンの魂が生きる質素な料理

質素なオランダ人の日々の食生活は、食パンかライ麦パンの朝食で始まる。これにコーヒーか紅茶、子どもならミルクが付く。ジャムもいいが、バターをぬったパンにはスライスしたハムやチーズを挟む。このときハムならハム、チーズならチーズだけで、二つ一緒に挟むといった贅沢は道徳違反だ。ここにもオランダ人の質素・倹約の気質が生きている。

昼食は人によっては朝食と同じだったりするが、コーヒー・ターフェルと呼ばれるランチはちょっぴり贅沢が認められ、コーヒーを飲みながらブローチェ(丸いパン)にソーセージや肉類を挟んだオープンサンドが食される。また、カフェのランチは、チーズ・肉の薄切り・目玉焼きをパンにのせたアウトスマイターが定番だ。

オランダ

寛容でケチな自由主義者はまずい料理がお好き!?

そして一日の労働を終えると、ようやく夕食でホットミール（温かい料理）があてがわれ、憩いのひと時がやって来る。家族思いのオランダ人は残業はせずにさっさと帰宅し、六時から七時の間に早めの夕食をとる。美味しいレストランも少ないし、お金もかかるので外食することはめったにない。オペラやコンサートに行って夜更かしする国民とは違い、一般に早寝早起き、家族団らんが基本だ。

しかし、夕食の主役はジャガイモ。これに焼くか茹でるかした肉もしくは魚が出され、ジャガイモには肉や魚の煮汁をかけて食べる。毎日あまり変わりばえしない夕食だが、副食の温野菜だけはバリエーションがある。だから今夜の温野菜は何かが、ささやかな夕食の楽しみになる。

もともとオランダは九州ほどのやせた土地で、しかも国土の三〇％は海抜〇メートル以下。努力家のオランダ人は地理的ハンディを乗り越えて、干拓事業、土地改良に汗水流してきた。オランダの象徴とも言える風車は小麦粉を挽いたりもしたが、堤防内の水をせっせと掻い出す役目も果たしてきた。

今でこそ、オランダはシェル石油、ユニリーバ、アクゾノーベル、DSM、フィリップスなどの世界に名だたる多国籍企業を有するが、かつては農業と牧畜の国。だから料理は、農民の素朴な食事といった感じで、カロリーがあって腹持ちのいいものが喜ばれた。

ところでオランダ人は、質実剛健で頭の固いドイツ人や強情で批判精神に富むイングランド人と相通じる価値観を持つ。時代を遠くさかのぼれば、この三国は西方ゲルマン人の仲間だ。人生は楽しむためのものではなく、深い意味を見出すもの。面白おかしく生きるのではなく、自己を鍛錬し社会に貢献してゆくべきだという類似の価値観を有している。ラテン系のフランス人が「食べるために生きる」のに対して、ゲルマン人とりわけオランダ人は「生きるために食べる」。食事は味わうものではなく、あくまでも空腹を満たすためなのだ。

だが、質素・倹約のオランダ人気質は、民族だけに由来するものではない。オランダ南部のカトリック教徒の多い地方では、例外的に高級料理が育まれたように、気質や食文化は宗教と密接に関係している。宗教が国民気質に与える影響は当然あるとして、この三国を見たところ、逆に民族性が宗教に影響を与えたようでもある。というのは、不思議にもゲルマン系のドイツ、イギリス、オランダで宗教革命が起こっているからだ。

オランダ

寛容でケチな自由主義者はまずい料理がお好き!?

ところで、オランダ中央統計局の資料（二〇一四年）によると、オランダの宗教の内訳はカトリック二四・四%、プロテスタント一五・八%、イスラム教四・九%、ヒンズー教〇・六%、仏教〇・五%、無宗教・その他五三・八%と、オランダ人の宗教離れが目につく。しかし、一九世紀まではオランダ人の約六〇%はプロテスタントで、カルヴァン派が主流だった。

カルヴァンは、一五四一年からスイスのジュネーヴで教会改革と政治改革を合わせた神権政治を断行した。彼は、本来人間の魂はどうしようもない悪で、たまに善行をしたとしてもどこかに利己的な意図があり、絶対に善にはなれないという「全的堕落」を主張。さらに「運命予定説」では、慈悲深い神に救ってもらえる罪深い人間はほんの一部だけで、それとて生前から決まっていて人間の努力ではどうにもならないと唱えた。

また、職業は神から与えられた神聖なものというルターの「職業召命観」を発展させて、神が一人ひとりの個性を見抜いて与えた職業に勤勉であることが、神の御心に適うことだと説教した。勤勉を奨励し、貯蓄を肯定するカルヴァンの職業倫理は、新たに勃興《ぼっこう》してきた当時の商工業者（新興市民階級）に歓迎され、のちに資本主義を発展させる原動力となった。前述した多国籍企業がオランダに生まれたのは、カルヴァンあってのことなのだ。

カルヴァンは安息日を除いて毎日一八時間働き、酒も飲まず、質素な食事をとり、完璧主義の模範の道徳人間だったようだ。だが、彼の欠点は市民にも同じ行動を強要したことで、衣服の色や食事の献立に至るまで厳しい規則を設けた。

近年、オランダではプロテスタントのカルヴァン派が減少しているとはいえ、倹約家、判を押したような生活をする生真面目な人、保守的な現実主義者をよく見かける。だが、何よりも贅沢を罪とするカルヴァンの魂は、料理に脈々と生きている。

ところで、カルヴァンはオランダ人でもスイス人でもなく、フランス人だった。父は教会関係の役人で、地方の中産階級の家庭に育った。多感な青年期に、過酷な教育を施すことで有名なパリ大学付属モンテギュ学寮で過ごした経験が、その後の人格を決定づけたに違いない。もし自宅通学で、贅沢なフランス料理を食べていたら、カルヴァンはグルメな牧師になっていたかもしれない。そうしたら、今のオランダ料理はもう少し違ったものになっていたのだろうか。

愛国心を高揚するジャガイモ料理

オランダ料理は農民の素朴な食べ物から発達したというが、現在もその域を出ないのだろうか。実際のところオランダ人はどんな料理を食べているのだろう。

まず食材に関しては、ソーセージやチーズにはかなり上質なものがある。オランダ北部では強い風が吹くので、自然の風力を使って乾燥させる燻製《くんせい》ソーセージのメトヴォルスト（Metworst）が有名だ。だが、これも新鮮な肉が手に入らないときの緊急用として、農民が保存用に作ったもの。燻製ウナギも同様だ。

オランダ

寛容でケチな自由主義者はまずい料理がお好き!?

チーズにも名の通ったものがある。ロッテルダム近郊で生産するゴーダチーズ（直径三五センチ、重さ一二キロもある黄色い円盤状の巨大なものもあることで知られる）、比較的くせのないマイルドな味は日本でもお馴染みだ。これと肩を並べるエダムチーズは、水分量が少なく保存性の高いハードチーズに属し、風味が濃厚で料理用の粉チーズとしても使われる。このほかオランダはバターやマヨネーズの産地でもある。

また、北海に面しているため、ムール貝、ニシン、牡蠣、エビといった新鮮な海産物も豊富だ。ムール貝の白ワイン蒸しはお隣のベルギー料理として名高いが、食材のムール貝は主にオランダが輸出していることはあまり知られていない。

特筆すべきは、オランダ人の国民食のニシン（ハーリング）だ。毎年五月末から七月初めの約一カ月間、大漁の年は一億八〇〇〇万匹（二万五〇〇〇トン）ものニシンが酢漬けにされる。この塩気の強い酢漬けのニシンはホランス・ニューエ（またはマーチェ）と呼ばれ、約半数がドイツやベルギーなど外国へ輸出される。

この骨ぬきニシンの酢漬けは元祖ファストフードといったもので、夏になると街中に露店が立ち並ぶ。もちろんパンに挟んで食べてもいいが、青空を見上げながらニシンの尻尾を持ってタマネギやピクルスの付け合せと一緒にガブリと一気に食べるのが粋なオランダっ子の作法だ。

毎年六月上旬には、ハーグ北西のスケベニンゲン（助平人間ではない）という町でニシン漁の解禁を祝うイベントが開催される。伝統行事のニシンの初競りは、たった四五匹入りのニシン一樽に一〇〇〇万円近い値がつくこともある。ケチな人々がこれほどの高値をつけるのは、ニシンへの並々ならぬ思い入れもあるが、最終的にこの収益金が慈善事業に寄付されるからだ。

贅沢を悪、吝嗇《りんしょく》を善として生きているオランダ人だが、寄付金の額は世界一。ケチと批判されながらも、他人の幸福のためには、最大に寄付を惜しまない国民性でもある。

さて肝心の料理はというと、これぞオランダの味というものは、やはり農民らしく野菜を使った料理だ。まず順番通りスープから入ると、エンドウ豆と燻製ソーセージ（または肉）を煮込んだエルテンスープは一押しだ。これは冬の寒い日の料理で、スープ一杯で体の芯までジンワリと温まる。しかもスプーンが立つほど濃厚でこってりしているので、小食の人ならスープとパンだけでお腹がいっぱいになる。オランダではスープは飲むものではなく、食べるものと言われているのにもうなずける。

メイン料理では、ジャガイモをつぶしたマッシュポテトに、ほかの野菜をつぶして混ぜ合わせたスタムポットがその代表格だ。スタムポットは、マッシュポテトに何を混ぜるかによって名前が変わってくる。たとえば、ケール（アブラナ科）をマッシュしたものがブーレンコール・スタムポット。エンダイブ（キク科）と混ぜると、アンダイビ・スタムポット。キャベツの酢漬けと混ぜるとジュールコール・スタムポットとなるが、お皿の横にはどれも炒めたソーセージかベーコンが付く。

次なる料理は、オランダ人が誇るヒュッツポット。とはいえ、これも見かけは大して変わりばえしない。ジャガイモ・ニンジン・玉ネギを茹でてつぶして混ぜ、これにはソーセージやベーコンの代わりに、牛肉の薄切りを数枚添える。牛肉は、固形ブイヨン・ローリエ・コショウを加えたお湯の中で、

オランダ

寛容でケチな自由主義者はまずい料理がお好き!?

コトコト九〇分ほど煮込んだシンプルな味つけだ。

しかし、なぜヒュッツポットがオランダ人の愛国心を高揚させるのかを知るには、一六世紀までさかのぼる必要がある。当時、オランダ（ネーデルラント）はスペイン・ハプスブルク家の支配下にあった。カトリック教会の腐敗ぶりを目の当たりに、徐々にプロテスタントが勢力を伸ばしていた。しかし、宗主国スペインのフェリペ二世は熱心なカトリック教徒だったため、都市に重税を課したり、自治権を制限したりするなどしてプロテスタントの弾圧に乗り出した。弾圧されるとますます燃え上がるのが宗教心というもので、次々に独立を求めて立ち上がる都市が続出。そのうちの一つがライデンという町だった。

一五七三年一〇月、フェリペ二世はライデンに軍を送り、街は完全に包囲されてしまった。約一年もの間、市民は要塞に立てこもって勇敢に抵抗を続けるが、食糧不足とペストの流行に悩まされる。反乱軍のオラニエ公ウィレムは、苦肉の策として堤防を壊して海水を引き入れ、スペイン軍を蹴散らして市民を救出するという大胆な手段に打って出た。しかし、オランダの堤防は決壊しても被害が最小限に食い止められるように設計されていて、なかなか浸水しない。もう市民は餓死寸前だった。折しも西から吹きつけた強風が大波をもたらし、一気に大量の海水が街に流れ入った。慌てふためいたスペイン軍は、ほうほうの体で退散した。

その後、一六四八年にネーデルラント一七州のうちプロテスタントの北部七州は、スペインから独立を果たすが、カトリック教徒の南部一〇州（現ベルギー・ルクセンブルク）はスペイン領にとどまった。これがいわゆる八〇年戦争（オランダ独立戦争）と呼ばれる戦いである。

さて、先のスペイン軍を追い払ったライデン市は一〇月三日を開放記念日として、毎年祝賀をあげる。当時、立てこもっていた市民に差し入れられた食料の中にニシン漬けがあったことで、市民はニシンとパンにジュネバー（ジンのような強い酒）で乾杯する。それともう一つ忘れてはいけない料理が、逃げ帰ったスペイン兵が鍋に残していったというヒュッツポットだ。スペイン兵から伝えられたこの料理こそ、まさにオランダ人の勇気と愛国心の象徴にほかならない。

そして最後はデザートで締めたい。オランダの国民的スイーツにあたるのがパンネクック。オランダ人は男女ともヨーロッパで一番身長が高く、どこかスイフトの『ガリバー旅行記』のガリバーのような風貌をしているが、このパンケーキはそんな巨人の顔よりも大きい。中身にはベーコン、玉ネギ、チーズ、マッシュルームなどしょっぱい系の具を挟んだもののほか、チョコレート、生クリーム、リンゴ、バナナ、パイナップルなどが入った甘いもの系もある。

さて、オランダでは午前一〇～一一時と午後七～八時の一日二回、コフィテイトと呼ばれるコーヒータイムがあり、このときコーヒーと一緒にビスケットを出す習慣がある。ホストがビスケットの缶のフタを開けて回すと、ゲストは順番に一枚ずつ取る。このとき間違っても二枚取ってはいけない。一人につきビスケット一枚、これはオランダ人が長い歳月をかけて培った暗黙のルールで、ここにオランダ人の心が凝縮されている。他方、カトリックが主流のオランダ南部では、二枚以上食べてもとがめられることはない。

ベルギー

正式名称　ベルギー王国
首　　都　ブリュッセル
面　　積　30,528km^2
人　　口　1,132万人
主な宗教　キリスト教（カトリック75%、プロテスタント25%）

自称「世界で最もダサイ国民」が食す美食の宴

言語境界線と料理境界線

イギリスの出会い系サイトで、ベルギー人は「世界で最もダサイ国民」という不名誉なナンバーワンに輝いた。だが、とりたてて気にも留めていない様子なのは、周囲のフランス人、オランダ人、イギリス人からバカにされるのはもう慣れっこになっていて、彼らの仕業だとわかっているからだ。そんなことから、フランス人とオランダ人が、ベルギー人をおちょくるジョークには事欠かない。

たとえばこんなふうだ。「好きな飲み物を叫びながら飛び込むと、言葉通りの飲物で満たされるという魔法のプールがあった。フランス人が『ワイン！』と叫んで飛び込むと、プールはワインでいっぱいになった。ドイツ人が『ビール！』と叫んで飛び込むと、プールはビールでいっぱいになった。ロシア人が『ウオッカ』と叫んで飛び込むと、プールはウオッカでいっぱいになった。日本人が『サケ！』と叫んで飛び込むと、プールは日本酒でいっぱいになった。最後にベルギー人が勢いよく走り出したが、石につまずいてしまい、『クソ！』と叫びながらプールに飛び込んだ」

こんなジョークもある。「オランダでは、隣国ベルギーとの間で五年後に戦争が勃発するのではないかとの噂が流れている。なぜなら、ベルギー人がオランダ人の言ったジョークを理解するには、そのくらい時間がかかる」というのだ。

一方、ベルギー人は、「こんなくだらないジョークに目くじらを立てるほど子どもじゃないさ」と、

ベルギー

自称「世界で最もダサイ国民」が食す美食の宴

落ち着きはらって寛容な態度を示そうと努める。すると隣近所のいじめっ子たちはますます助長して、ベルギー人に「退屈」「怠け者」「役立たず」「面白みがない」「個性がない」「自信がない」などというレッテルを貼りつけてしまった。

しかし当のベルギー人は、自分たちは善良で常識的、現実的ではったりがなく、寛容で我慢強く、ひかえめで中庸を得た良きヨーロッパ市民だと考えている。しかし、どんなにからかわれても我慢できるのは、ベルギー人という自覚に乏しいからだ。彼らは、そもそもベルギーにはベルギー人などおらず、フランデレン人とワロン人しかいないと考えている。

ところで、二〇一四年のワールドカップ・ブラジル大会でベスト8に残った〝赤い悪魔〟の異名をとるベルギー代表は、北アフリカからの移民選手が目立ったこともあるが、国家斉唱ではほぼ全員が口パクというありさまだった。しかし、かつてマスコミからベルギー国家を知っているかと問いただされたルテルム首相は、誤ってフランス国家『ラ・マルセイエーズ』の冒頭を歌ってしまったのだから、サッカー選手だけを責めることはできない。

では、どうしてベルギー人にナショナリストが少ないのかというと、そもそもベルギー王国は一八三〇年にできた新しい国であることも理由の一つだ。しかも、初代国王にはドイツから血筋の良い公爵家の三男をお借りして、王国の体裁を整えたという苦しいお家事情がある。

遥か歴史を振り返ると、ベルギーは古代ローマ帝国の属州だった。その頃のベルギガという地名が、ベルギーという国名の元になっている。その後は、ゲルマン人のフランク王国、フランドル伯爵家、ブルゴーニュ公爵家、スペイン、オーストリア、フランス、オランダの支配下に置かれてきた。

そんな歴史に翻弄されたベルギー人が、ついにナショナリズムを発揮して立ち上がったのは、フランス七月革命後のことだ。ブリュッセルのモネ劇場で、スペインから独立するナポリをテーマにしたオペラ『ポルティチの物言わぬ娘』（オベール作曲）が上演されたのがきっかけだった。「さよなら祖国愛よ、復讐をとげん、自由よ、わが宝、守りて戦わん……」の歌でクライマックスに達すると、興奮した観衆は総立ちになって唱和し、オペラの途中で街頭に繰り出し暴動となった。オペラが火をつけた独立運動はたちまち全土に広がり、まもなくオランダから独立を勝ち取る。のちの世に言う『音楽革命』と呼ばれる事件だ。以降、ベルギー人からナショナリズムが忘れ去られて久しい。

しかし、ベルギー人としてのナショナリズムが失われるのに反比例して、国内の二つの民族のナショナリズムは高まっている。オランダ・フランス・ドイツ・ルクセンブルクに囲まれるベルギーは、国のまん中でヨーロッパの両雄ゲルマン人とラテン人が対峙する。オランダと接する北部のゲルマン系のフランデレン（フランドル）地域では、オランダ語の方言のようなフラマン語が話され、フランスと接する南部のラテン系のワロン地域では、フランス語訛りのワロン語が話される。

独立当時は、国の上流階級がフランス語をしゃべっていたことや、ワロン地域が石炭・鉄鋼で潤っていたことで、ワロン人が話すフランス語だけが公用語とされていた。しかし、やがてワロン地域の重工業がすたれ、代わりにフランデレン地域でサービス業やハイテク産業が発達すると力関係は逆転し、オランダ語も公用語にせよという運動が起こった。

ベルギー

自称「世界で最もダサイ国民」が食す美食の宴

一九六三年、ベルギー議会は国内を南北に分かつ「言語境界線」を引いて、フランデレン地域ではオランダ語、ワロン地域ではフランス語とドイツ語、ブリュッセル首都地域ではフランス語とオランダ語を公用語とした。地理的にはフランデレン地域に属するブリュッセルは、言わばオランダ語の海に浮かぶフランス語の孤島といった感じだ。

少々説明が長くなったが、北と南の言語境界線とは、すなわち民族や文化の境界線でもあり、料理もその延長線上にある。何かとフランスから影響を受けているベルギーは料理も例外ではない。バターやクリームを使った料理、煮込みやグラタンが多いのはフランス料理と同じだが、ベルギーのフランス料理は素朴な味わいがあるうえ、かなりのボリュームがある。しかもこの国では、一級の素材を使った基本に忠実な料理が好まれ、やたら高級感に訴えたり、奇をてらった料理は敬遠されがちだ。そんな職人気質に徹した味が認められて、最近ではフランスからやって来るグルメからも、ベルギーのフランス料理は本場フランスをしのぐといった評判が聞こえてくる。

〝食の都〟と呼ばれる首都ブリュッセルには三〇〇〇を超えるレストランがあり、人口比ではヨーロッパ一と言われる。もちろん、ここではあらゆる料理が堪能できる。ブリュッセルはEU（欧州連合）やNATO（北大西洋条約機構）の本部などたくさんの国際機関が置かれ、またアフリカ、アジア、中東からの移民も多いことでコスモポリタン的な雰囲気が漂う。にもかかわらず、他国から進出したファストフード店が少ないのは、ベルギー料理が広く受け入れられていることの表れと言える。小さい概して外食好きなベルギー人は、レストランでたっぷり二時間はかけてお腹いっぱい食べる。

頃からマクドナルドよりも、そんな食生活に慣らされた子どもたちは、自然と口のこえた大人に育ってゆく。

さて、北海に面した北部のフランデルン地域は、海の幸に恵まれていることで新鮮な魚介類を使ったシーフード料理を得意とする。とりわけ夏に獲れるクルヴェット・クリーズ（灰色の小エビ）を使った料理が人気だ。トマトの中味をくりぬいて、マヨネーズで和えた小エビを詰めたトマト・オー・クルヴェットは、小エビの食感を生かした軽めの前菜だ。それに日本人に好評なのが、クロケット・オー・クルヴェットという小エビのクリームコロッケだ。きつね色に揚がった俵型の衣はサックリした歯ごたえがある。

また、プリプリッと身の引き締まったオマールエビを使った料理は、丸ごと一匹の姿焼きも贅沢だが、エビのほかにホタテ貝や野菜を串焼きにして、エビの甘みとコクのあるアメリケーヌ・ソースをかけたオマールエビのブロシェットは格別だ。このほかオマールエビのワーテルゾーイ（水煮込み）は、サーモン、ホタテ貝、ムール貝も入った海の幸のクリームシチューといった感じの料理だ。もともとは、鶏肉、ジャガイモ、ニンジンなどをクリームやバターで煮込んだ古都ゲントの郷土料理だが、鶏肉の代わりにウサギの肉やシーフードも使われる。

かたや南部のワロン地域は、アルデンヌ高地を中心に丘陵地帯が広がる山の幸の宝庫で、秋になって狩猟が解禁されるとジビエ料理を目あてに世界中からグルメが集まってくる。一帯では、近年ミシュランの星を獲得するレストランが増え、ここではキジ、イノシシ、野ウサギ、ノロシカ、カモ、ウズラ、ハト、ホロホロ鳥が食卓に上る。

なかでも「世界一小さな美食の町」と誉れの高い、人口五〇〇人足らずのデュルビュイには、最高のジビエ料理を食べさせてくれるアルデンヌの通称イノシシ亭（Le Sanglier Des Ardennes）があり、ここには日本の皇太子殿下ご夫妻もお立ち寄りになられたことがある。

フリッツが国民食と言われるわけ

「ベルギーの名産は？」と訊《き》かれてまっ先に思いつくのが、高級チョコレートとワッフル。それにビール。九州よりも小さな国ながら一二五ものビール醸造所があり、一五〇〇を超える銘柄を生産している。しかし、一〇〇年ほど前までは三〇〇〇の醸造所があったというから、ベルギー人のビール好きは推して知るべしだ。

お隣のドイツでは一六世紀以来、「ビールは、麦芽・ホップ・水・酵母のみを原料とする」という法令を頑なに守っているのに対して、ベルギービールはホップを使用せずに、ハーブやスパイスを加えたり、フルーツ（チェリー、木イチゴ、青リンゴ、バナナ、桃など）を漬け込んだり、二次発酵させてアルコール度数を上げたり、原産地の異なる数種類のホップをミックスしたりして、独自の製法を編み出してきた。そんな工夫を凝らしたビール造りは、常に周囲の強国に支配され続けてきた息苦しい環境の中で、できる限り人生を謳歌したいという国民性の表れと見てとれないこともない。

ベルギービールの起源は中世にさかのぼり、修道院の僧が当時流行していた疫病を防ぐために自然発酵の自家製ビールを造ったことに由来する。世界に名高いトラピスト会修道院で造られている濃色のアルコール度数が高いビールはトラピストビールと呼ばれ、それ以外の修道院が一般の醸造所に委託したものをアビイビールという。

ベルギービールは、色の違いだけで分類しても多種多様だ。たんぱく質や酵母のせいで少し白濁して見える、苦さひかえめで爽《さわ》やかな口当たりのホワイトビール。オーク樽の中で熟成することで深紅に染まる、芳香漂う甘酸っぱいレッドビール。瓶内発酵に時間をかけた、茶色で複雑なテイストのブラウンビール。口当たりは優しくてもビールらしい強い自己主張がある、淡い金色のゴールデンエールといった具合だ。

また、繊細なベルギービールは専用のグラスを使うことで、香りや味わいが微妙に変わると言われる。美味しいビールをさらに美味しく飲むために、ラベルにはアルコール度数（最高一二%）、適温、そのビールに適したグラスの形状が印刷されている。たとえば修道院産のトラピストビールやアビイビールは、キリスト教の厳かな儀式でワインを注ぐときのグラスに似た口が広くて浅い聖杯型（ゴブレット）。芳醇な香りを楽しむエールビールは、飲み口が開き加減のチューリップ型。酸味の効いたフルーツビールは、シャンパングラスに似たフルート型。低温で飲むホワイトビールは、保冷効果の高いガラスの厚いタンブラー型……などとビールの特徴を引き立てる、個性豊かなグラスが用意されている。熟練されたウェイターでも、なかなか覚えきれるものではない。

ベルギー

自称「世界で最もダサイ国民」が食す美食の宴

さて、高級フランス料理にワインが合うのは言うまでもないが、ベルギー料理にはビールを使ったり、ビールを飲みながら味わう庶民派のメニューがいくつもある。前述のジビエ料理はビールを入れて煮込むことで、野生の動物の肉の臭味を消し、肉を柔らかくする。

ラパン・オー・プリュノーはウサギの肉をビールで煮込んだ料理で、干しプラムが味を引き立てている。ジビエ料理には、なぜか甘いベリー類やプラムがよく合うから不思議だ。また、カルボナード・フラマンドは、牛のバラ肉・玉ネギ・マッシュルームをバターで炒めた中に、黒ビールを注いでジャムやワインビネガーを入れて二時間ほどじっくり煮込んだフランドル地方の家庭料理だ。柔らかくこってりした牛肉は十分ビールで煮込んであるが、そのうえビールを飲みながら食べるのがベルギー流だ。

ほかにもビールと相性のいいベルギー料理を紹介すると、ベルギーに行ったら絶対に食べたいのがムール貝料理。旬の季節は、「R」の付く月。すなわち九月（September）～四月（April）で、オランダの海から輸入される。ムール貝を使った料理は三〇種類以上もあるが、やはり定番はパセリを散らしたムール貝の白ワイン蒸しだろう。一～一・五キロもあるムール貝を蒸した大きなバケツのような鍋がドーンとテーブルに運ばれてくると、一瞬戦意喪失しそうになる。だがムール貝は殻が大きいので、いざ食べ始めると案外簡単に食べきってしまう。仕上げは、鍋の底にたまっているダシの効いたスープをパンに浸して食べる。

そしてビールと最高に相性のいい、ベルギー人に最も愛されているのが国民食のフリッツ。たかがフライドポテトが、なにゆえ国民食として祭り上げられているのかというと、まず国内全体で一週間に二八〇〇万食も食されているという驚嘆すべき事実がある。というのは、国内にはフリッツ・スタンドが五〇〇〇軒もあり、二〇一四年一月から、なんとこれがベルギー政府の決定で無形文化遺産に登録されたというからまたビックリ。

アメリカ資本のファストフードのフライドポテトと大差ないだろうと高をくくった外国人は、実際に食べてみて初めて納得する。なぜなら表面はカリッとしているのに、中はホクホク。塩気が適度な分、ジャガイモのまろやかな甘みが感じられる。フリッツに使うジャガイモはビンチェという品種で、黄色くて旨味が強く、崩れにくいといった性質を持つ。

また、フリッツを基本の一二ミリ幅に切り、最初は一六〇℃ほどの油でじっくり揚げ、食べる直前にもう一度、約一七〇℃の温度で三分ほど揚げるのがポイントで、二度揚げが美味しさの秘密だ。

二〇一三年、北部フランデレン地域の住民がフリッツをユネスコ世界遺産に登録するために運動を開始した。これについては、南部ワロン地域の住民と東部ドイツ語圏の住民も支持し、そろって協力を表明。ベルギー人にとって、フリッツこそが自らのアイデンティティーを証明する唯一のよりどころであり、民族融和の鍵を握っているものと思われる。

ドイツ

正式名称　ドイツ連邦共和国
首　　都　ベルリン
面　　積　357,000km²
人　　口　8,177万人
主な宗教　キリスト教(カトリック約3割、プロテスタント約3割)

真面目一徹の国民がジャガイモを愛する理由

ジャガイモが国民食になるまで

ローマの歴史家タキトゥスは『ゲルマニア』の中で、古代ゲルマン人は簡素で野生の果実、捕りたての鳥獣、凝固させたミルク（チーズ）を食していると記している。

なるほど、日本人が思い浮かべるドイツの三大料理は、ソーセージ、ジャガイモ（ジャーマンポテトなど）にザワークラウト（酢キャベツ）。だが、どれも質素なイメージがある。

このほかバルト海や北海沿岸のニシンの酢漬けや、豚のすね肉を塩漬けしたアイスバイン(Eisbein)、豚肉を塩漬けして燻製にしたカスラー（Kassler）など、ドイツ料理には保存食が多いといった印象がある。

ドイツの緯度は北海道よりも北に位置し、特に北の平原地帯は荒れ地が広がり、気温が低いため作物栽培には不向きだ。一方、南部のアルプスのふもとの地域も冷涼で地形は険しく、中部ドイツを除いてはあまり農業には適していない。そういった地理的条件や気候を反映して、いかに冬場を乗りきるかに焦点を当てた食文化は、忍耐強く、質実剛健で倹約精神あふれるドイツ人気質を育て上げた。そんなドイツ人の国民食と言えるのが、パンと並んでジャガイモだ。

そもそもジャガイモは、コロンブスが新大陸から持ち帰った土産物だったが、その原産は南米ペルーのチチカカ湖畔だろうと言われ、古代インカ帝国でも食されていた。ちなみに、日本にジャガイモ

ドイツ

真面目一徹の国民がジャガイモを愛する理由

が入ったのは関ヶ原の戦いより少し前の慶長三年（一五九八年）のことで、オランダ人が長崎に持ち込んだという。ジャワのジャガトラ（現ジャカルタ）の港経由で積み荷されたことからジャガタライモと呼ばれたという説がある。

これに対してドイツでは、なんと君主の庭園で観賞用に栽培され、大学の薬草園で薬用植物として育てられたのが始まりだった。

当時のヨーロッパでは、そもそも土の中で育った茎や根の塊を食べるという習慣がなく、ジャガイモは〝野菜〟として認識されなかっただけでなく、長い間、毒性があると誤解されていた。ナス科に属し、ソラニンによる軽い麻酔作用があるという医学的見地から、〝有毒〟という誤った噂《うわさ》が流布していた。

一八世紀中頃になってもジャガイモは家畜のえさ、貧民の救援食料という低い地位に甘んじていた。そんな時代に登場したのが〝大帝〟と親しまれたプロイセンのフリードリヒ二世（プロイセン王／在位：一七四〇～八六年）だった。大帝は自国の食糧は自国でまかなおうと呼びかけ、寒冷でやせた国土に適した食品としてジャガイモの栽培を推奨。そのため農民たちは開墾するようになり、軍隊が警備にあたった。王も直々に農地の視察に訪れたり、積極的にジャガイモ料理を食べてＰＲにも一役買った。

その後も一九世紀の中頃まで、地方の知識階級の聖職者や医者が率先してジャガイモ普及のキャンペーンを行い、実に一万種類以上ものパンフレットが配布された。そこには土壌や肥料、栽培時期や耕作方法、収穫方法、土地に合った種の選別の仕方などが詳しく紹介されていた。そんな努力の甲斐があってドイツ国内の食料自給率は上昇し、二〇世紀になるとジャガイモはなくてはならない格別の地位を確立するまでになった。

このようにジャガイモによる食料政策の成功が、辺境のプロイセンという国をドイツの表舞台に押し上げたと言っても過言ではないだろう。今でも、ポツダム市にある当時の栄華がしのばれるサンスーシ宮殿のフリードリヒ王の墓前には、市民から花束と一緒にジャガイモが供えられる。

それは私にとってはソーセージ!?

直訳すると、「それは私にとってはソーセージ(Das ist mir wurst)」というちょっと理解に苦しむ言い回しがある。ドイツ語で「どうでもいい」「大したことはない」という意味だ。

ドイツにはソーセージが一五〇〇種類以上もあって、いつでもどこでも簡単に手に入るので、ありがたみがない。飲み水に困らない日本人が、「湯水のごとく」という言葉を使うようなものだろうか。そうは言いながらも、挽いた肉と香辛料を豚や羊の腸に詰めて燻製にした保存食のソーセージが、ドイツ料理を代表する国民食であることには変わりない。

そのうえ日本にソーセージを紹介したのもドイツ人だった。第一次世界大戦で連合軍として参戦した日本は、ドイツの租借地だった中国の青島《チンタオ》をめぐって約一カ月の戦闘を行った。その結果、約四七

ドイツ

真面目一徹の国民がジャガイモを愛する理由

〇〇名のドイツ人捕虜が日本国内一六の収容所（一二という説もある）に連行された。このうち習志野俘虜《ふりょ》収容所に収容されたドイツ兵のうち五人がソーセージ作りの国家資格を持つマイスター（職人）で、彼らが日本にソーセージの製法を伝授したという。日本産に比べてドイツのソーセージは、選ぶのに迷ってしまうほど色や形や味も、そして食べ方まで実にさまざまだ。

いくつか例を挙げると、まずバイエルン地方の朝食用の白ソーセージは茹でるのが基本だ。しかも日持ちしないので、正午までに食べ切るのが習わしになっている。それを知らずにレストランに入って注文したところ、品切れと言われて残念な思いをしたという日本人ツーリストが後を絶たない。何を隠そう、私もその中の一人だ。この白ソーセージは皮が厚いので、半分に切ってそのまま中身を吸うように食べるのがいいとアドバイスする人もいるが、縦にナイフで半分に切って中身だけいただくのがミュンヘン流だ。白くて軽い味わいは、日本の魚肉ソーセージに似ている。

そんなバイエルン地方の朝食三点セットは、白ソーセージ、プレッツェル（パンの一種）、ヴァイスビアと呼ばれる白ビール（五〇％以上の小麦麦芽を発酵）。日本人にしてみたら「朝っぱらからなんでビール？」と目が点になる。真面目なドイツ人が、なにゆえ朝からビールなのか？

その理由を知るには、一七世紀までさかのぼる必要がある。当時、ブレーメンの港から初めてドイツにコーヒー豆が輸入されるようになり、朝食にコーヒーを飲む習慣ができた。コーヒーの消費量はうなぎのぼりに増え、外貨は国外に流れる一方。そこで「朝はコーヒーでなくビールを！」と輸入に頼るコーヒーでなく、国内産のビールにかえて外貨の流出に歯止めをかけようと試みたというわけだ。

このほかドイツに行ったらぜひ試してほしいソーセージに、〝ニュルンベルガー・ソーセージ〟と〝カレー・ソーセージ（カリー・ヴルスト）〟がある。ナチスの党大会が開催されたニュルンベルクは、第二次世界大戦後にドイツの戦犯を裁く国際軍事裁判が開かれたことで知られる。そんな歴史からどことなく重い雰囲気が漂うが、重厚な気風が尊ばれるドイツで大ぶりのソーセージが幅を利かせる中、意外にもニュルンベルガー・ソーセージは小ぶりで細めのウィンナー型ソーセージだ。

パリッとした歯触りに、スパイスの効いた絶妙な味が病みつきになりそうだ。

かたやアメリカへも渡ったカレー・ソーセージは、直径・長さが三センチ×一五センチほどのソーセージを一センチくらいの厚さに切り、カレーパウダーを振りかけたシンプルなものだ。一説よれば、一九四九年に西ベルリンで屋台のソーセージ屋を営んでいたヘルタ・ホイヴァー夫人が考案したとされる。アメリカ軍の捕虜となったご主人が収容所生活を送っているときに、食事にケチャップや刺激のある香辛料をかけて食べる習慣ができ、これにヒントを得たという。ベルリンだけで年間七〇〇〇万食もはける人気のカレー・ソーセージは、ベルリン一の人気のファストフードに成長した。

パンのみに生きるにあらず、ビールにも生きる

「人はパンのみに生きるにあらず」

このイエス・キリストの言葉は、「人間は物質的満足だけを目的として生きるものでなく、精神的

なよりどころが必要である」（『大辞林』）という意味でよく引用される。ここで言う〝パン〟とはパンそのものを指していないことは重々承知している。とは言うものの、ドイツ人は〝パン〟が大好きな国民だ。

早朝、ほかほかの焼きたてのパンをベーカリーから買ってきて、朝日が射し込むピカピカに磨き上げられたキッチンのテーブルに着く。そんな静かな一日の始まりに、ドイツ人は「ゲミュートリッヒカイト」（何とも言えない心地よさ）を感じる。もちろんドイツにも朝食を抜く人、コーンフレークですます人、新鮮でない二日目のライ麦パンが好きだという人もいることはいるが。

ドイツでは〝パン〟の種類を数えたら本当にきりがない。大型パン（Brot／ブロート）が三〇〇～四〇〇種類、菓子パンを含む小型パン（Brotchen／ブローチェン）に至っては、約一二〇〇種類もあると言われる。一般によく見られる基本形の大型パンは、まず原料が小麦粉の白パンとライ麦の黒パンに大別され、さらにミックスはその割合により五段階の種類に分類されている。

ドイツのパンはしっとりと重く質感があるうえ弾力性に富むので、時間をかけて咀嚼《そしゃく》しなければならない。日本のパンメーカーが「ふわふわ」度を競う食パンや菓子パンの柔らかさは、実はドイツ人をはじめヨーロッパ人にも評判がよろしくない。ドイツの友人が日本を訪ねたとき、「コンビニにある食パンや菓子パンには歯ごたえがなく、これじゃとても満足できない」と三日で禁断症状を訴えたことがあった。

また、ミュンヘンにはドイツ人と結婚している友人がいるが、久しぶりにお宅へ遊びに行ったとき奮発してお寿司をテイクアウトしてくれた。私の暮らすセルビアではお寿司は希少価値があり、たまに見るお寿司に感動していると、ご主人の方は一つも手を出そうとしない。遠慮しているのかと思ってすすめてみると、友人は笑いながら「ドイツ人にとっては、パンがお寿司のようなものなのよ」とのたまう。保守的なドイツ人にとっては、お寿司よりもパンの方がご馳走に見えるらしいのだ。

ところで、パンやソーセージの種類には及ばないが、ドイツが誇る郷土ビールも銘柄は豊富だ。日本の米どころに名酒があるように、ドイツでも原料の麦芽・ホップ・水の質の違いに加えて、気温や湿度も微妙に作用して、地方ごとに独特の味が生まれた。

ブレーメンの「ベックス（Beck's）」、ケルンの「ドム・ケルシュ（Dom Kölsch）」、バンベルクの「ラオホビア（Rauchbier）」。そのほか、ハイデルベルク、ハンブルク、ベルリン、ミュンヘンと主だった都市にはビール醸造所はつきもので、直営ビアホールでは生の地ビールが楽しめる。ドイツ全土にはご当地ビールが三〇〇種類もあるというが、これはその昔ドイツが神聖ローマ帝国だった時代に、帝政自由都市と諸侯が治める国が三〇〇ほどあったことと無関係ではない。地方都市や独立した国には各々固有の郷土料理や懐かしい味があり、それと一緒におらが国のビールも生まれ、現代に至るまで引き継がれている。

ドイツ観光局がPRするロマンティック街道は、ヴュルツブルクからローテンブルク、ディンケルスビュール、ネルトリンゲン、アウクスブルク、ノイシュヴァンシュタイン城を望むフュッセンまでを巡る。文字通りおとぎの国に足を踏み入れたようなロマンティックな旅で、今も昔も日本人には最

ドイツ

真面目一徹の国民がジャガイモを愛する理由

も人気の観光コースだ。そのためドイツ国内では唯一、このあたりで日本語の看板を見かけることがある。

これらの都市は神聖ローマ帝国時代に帝政都市として、いわば独立独歩で自立し、互いに競い合いながら繁栄してきた。

また三〇年戦争を戦い抜いた不屈の精神やその誇りが、郷土のビールやパンにも込められている。特にバイエルンでは、ヴィッテルスバッハ家の代々の王たちがビール産業に力を注いできた。人間の曖昧《あいまい》な感情よりも不変なる法の統治を尊ぶのがドイツ人で、そんな気風は食品に関する最古の法律として名高い「ビール純粋令(Reinheitsgebot)」にも見られる。「ビールは麦芽・ホップ・水・酵母のみを原料とする」というシンプルにして厳格な規則は、一五一六年にバイエルン公ヴィルヘルム四世が公布したものだ。

どこまでも法に忠実な国民性ゆえ、ドイツビールは世界から信用を勝ち取った。それを証明するのが、一八一〇年に執り行われたルードヴィヒ一世の結婚祝賀会を起源にするという世界最大のビール祭り〝オクトーバーフェスト〟だ。十七日～十八日の期間中、約七〇〇万人がミュンヘンに押し寄せる。おかげでホテルはどこも満杯。時に高級ホテルは、一泊五～一〇万円にも跳ね上がる。

東京ドームの九倍もある会場では、特性の五・八～六・四％のアルコール度数の高いビールが振舞われるのも好評だが、古式ゆかしい民族衣装に身を包んだ八〇〇〇人の地元バイエルンの人々が、街中をパレードする恒例行事も圧巻だ。ビールは地方の歴史・文化・伝統であり、そこで暮らす人々の人生を雄弁に物語っている。

贅沢なゲーテのプアーな大好物？

のちに天才を発揮する神童モーツァルトが、父レオポルトと母アンナと一緒に幼少期を過ごしたのが、銀行家フッガー家で栄えた金融都市アウクスブルクだった。街の中心に陣取る市庁舎広場の裏手を流れる小川に架かる橋を渡ると、一気に二〇〇年前にタイムスリップしたような閑静な石畳の区域がある。ここにあるバウエンタンツ（Bauerntanz）というレストランはその昔宿屋だった店で、文豪ヨハン・ヴォルフガング・フォン・ゲーテがこの街を訪れたときに立ち寄ったとされる。

その木造の味わいのある店で、日本にはまだ紹介されていない珍しい食品を見つけた。グルメ大国

ドイツ

真面目一徹の国民がジャガイモを愛する理由

の日本では、日々海外の美味しいものを見つけ出し、庶民が世界中の料理を堪能している。人気のイタリアン・パスタやピザをはじめ、フランスのグラタン、スペインのパエリア、ドイツのソーセージ、ロシアのボルシチなどはとうに日本人にはお馴染みなので、まだ知られていないヨーロッパ料理や食材に出合うのは嬉しい。

シュヴァーベン地方のマウルタッシェンというラビオリ風パスタだ。これはまだ日本に上陸していない稀有な料理かもしれない。小麦粉を練って平たくし、五〜六センチ幅に切って、中にホウレンソウや挽肉の具を入れて正方形に包み、ちょうどカバン（Taschen／タッシェン）のようになることから命名された。

肉を食べることが禁じられたキリスト教の四旬節《しじゅんせつ》の期間中、〝カバン〟の中に隠して食べようとした修道士が考案したという逸話もある。とかく規則を作って守るのがドイツ人というものだが、このエピソードはドイツ人でもそんなフトドキな輩がいたのかと、逆に称賛したい気持ちになる。

この店のメニューは、マウルタッシェン・スープだったが、ほかにもサラダの付け合わせ、オーブン焼き、フライパンの上でチーズをのせたものなど幅広い調理法がある。

ところで美食家で通ったゲーテの自宅では、アプリコットの木が茂るだけでなく、ベリー類、ジャガイモ、アスパラガスなどを家庭菜園で育てていた。白アスパラガスはドイツ人に春の訪れを感じさせる必須アイテムだし、アプリコットは初夏のケーキに欠かせない。つまりゲーテの庭には、ドイツ人が食卓を彩るために必要なものがそろっていたわけだ。

だからゲーテは、来客を自慢の庭によく案内したものだった。文豪の食卓はムール貝やサーモンのほか、世界三大珍味のフォアグラ・トリュフ・キャビアも競演するほどのグルメぶり。子どもの頃から裕福な家庭で何不自由なく育った彼は、食への強いこだわりがあり、ワインはライン地方から、チョコレートはウィーンから取り寄せていた。

もちろんゲーテは一般のドイツ人と変わることなく、肉・ハム・サラミ・ベーコンも食べたが、ちょっと意外なメニューを好んだ。ドイツではフランクフルトとカッセルの二つの都市で〝お家元〟争いをしている〝グリューネ・ソース（Grüene Soße／グリーンソース）〟という料理がそれだ。

フランクフルトのマルクト（市場）にあるレストランで、〝ゲーテのお気に入りの一品〟と銘打っていたので試したことがある。白い大皿の半分以上はどろどろした緑色のソースで覆われ、その上に半分に切ったゆで卵がのったシンプルな料理で、緑色・黄色・白色のコントラストが美しい。例によって、茹でたポテトが添えられていた。だが、肝心のお味の方はとりたてて絶賛するほどでもなく、酸っぱくも辛くもないホウレンソウのスムージーを食している気分だった。単に、贅沢を極めたゲーテは、こんな料理が好きだったのかとの一点で感概深かった。

家庭で作るグリューネ・ソースは、好みによりサワークリームやビネガーの酸味を効かせて、ポテトに和えたりする。作り方はいたって簡単。材料は、ドイツの七草――ルリジサ、スイバ、クレソン、ウイキョウゼリ（チャービル）、セイヨウアサツキ、パセリ、ミツバグサのほか、ルッコラ、ホウレンソウなど緑のものを細かく刻む。そこにヨーグルトかサワークリームを混ぜ、塩・コショー・ビネガー（またはレモン汁）、マスタードなどで味を調える。料理というよりは〝緑色のマヨネーズ〟といった風情だ。

ドイツでは、春になると市場にはグリューネ・ソースを作る七種以上の葉っぱが一束になって屋台に顔をそろえる。新鮮な野菜をそのまま体に取り入れるのは、健康志向の強いドイツ人には心地よいらしい。それともう一つドイツ人がグリューネ・ソースを好む理由は、エコに対する貢献度が非常に高いからだ。調理のための燃料がまったく不要。旬の野菜は温室栽培ではないため、燃料費がかからない。しかも地元でとれるので、輸送費もかからないと、ないないづくしで環境に優しいと大満足なのだ。

自然、とりわけ森林が大好きなドイツ人は、週末になると家族そろってよく森林に出かける。国土の約三〇％が森林に覆われ、有史以来、森林と共に生き、森林に畏敬《いけい》の念を抱くドイツ人は、土の香りがする自然たっぷりの素朴な料理に深い喜びを感じるようだ。

森を畏敬するドイツ人のケーキ

グリム童話『ヘンゼルとグレーテル』が森の中で迷った末にたどりついた〝お菓子の家〟は、常識豊かなドイツ人が童心に返ってわくわくするメルヘンだ。ドイツ人にとって、森林は恐ろしい場所であると同時に、恵みをもたらす神聖な存在でもある。そこに大好きな〝お菓子〟でできた家が登場したなら、それはもう〝砂漠のオアシス〟だ。

ドイツ人にはどうしても内省的で厳格なイメージがつきまとうが、本当は自然を愛し、大いなる自然の恵みを生活習慣に取り入れ、いつまでも子どもの心を忘れないメルヘンチックな面も持ち合わせている。

一一月も終わりに近づくと、ドイツの町々では旧市街の中心広場にクリスマス・マーケットがぼちぼち立ちはじめる。その中には、クッキーでできたかわいい飾りつけ用のグッズを並べる店が少なくない。そしていよいよ一二月に入ると、家族総出で広場へと出かけ、ツリーグッズを物色したりプレゼントを買ったりと、ウキウキしはじめる。

クリスマスツリー発祥の国がドイツだとはあまり知られていないが、これは森林とお菓子が結びついたドイツ人ならではの発想から生まれたものだ。モミの木には星や家や人の形に焼いたお菓子を飾る習慣があるが、これはハチミツのほか、アーモンドやオレンジピール、ジンジャーやシナモンなどの香辛料が入った長持ちするレープクーヘンというクッキーだ。

このレープクーヘンについても法律で定められているところが、いかにもドイツ的ではある。具体的には、レープクーヘンに二五%以上のナッツ類が含まれている場合は「〇〇〇レープクーヘン」などとナッツの名称をつけなければならない。また、栄養価の低いカカオ入りバタークリームを使うのはご法度で、高い栄養価のクーベルチュール（総カカオ固形分三五%以上、カカオバター三一%以上、カカオバター以外の油脂は使用禁止）しか使えないといった詳細な決まりがある。

またレープクーヘン以外にも、クリスマスシーズン限定の菓子パンがある。クリスマス前になると

ドイツ

真面目一徹の国民がジャガイモを愛する理由

家庭で作られ、パン屋さんでも売り出されるのがドライフルーツやナッツをふんだんに入れたシュトレンという幅一五センチほどの楕円形のパンだ。表面に雪を模した白い粉砂糖がまぶしてあり、一センチほどに切っていただく。日持ちするので、一二月の初めからクリスマスまでカウントダウンしながら、少しずつ食べてゆく。パンは次第に小さく削られてゆくが、逆に日を追うごとにワクワク感が増してゆくという嗜好《しこう》だ。

地域や家庭によってアーモンドパウダー入りのマンデルシュトレン、ケシの実（モーン）入りのモーンシュトレン、クワルクチーズ入りのクワルクシュトレン、マジパンが入ったマジパンシュトレンなど、それぞれ名前は違ってくる。

最後に、ケーキ以外にクリスマス用の伝統料理を一つだけ紹介するなら、やはり「青い鯉」という意味のカルプフェン・ブラウ（Karpfen blau）がポピュラーだ。内臓を取り出した鯉のお腹に皮をむいて切ったジャガイモを詰め、水・酢・ワイン・レモン汁を入れただし汁に入れて、とろ火で三〇分煮ほど煮込む。すると鯉は青みがかったきれいな色に変色することから、この名前がつけられた。

ドイツ人にとってクリスマスは一年のうちで最大のイベントだが、この国のクリスマスイヴは日本のにぎやかなパーティーとはかなり趣が違って、家族そろっておごそかに一二時を迎え、翌朝は日本の元旦のように街はシーンと静まりかえる。常に生きる意味を自分自身に問いかけ、何もしないでボーッとしていることに罪悪感を感じるドイツ人だが、この日ばかりは手放しでくつろぐことを許しているように見受けられる。

オーストリア

正式名称　オーストリア共和国
首　　都　ウィーン
面　　積　84,000km²（北海道とほぼ同じ）
人　　口　870万人
主な宗教　キリスト教（カトリック）約6割

ハプスブルクがもたらした「小さなワイン大国」という果実

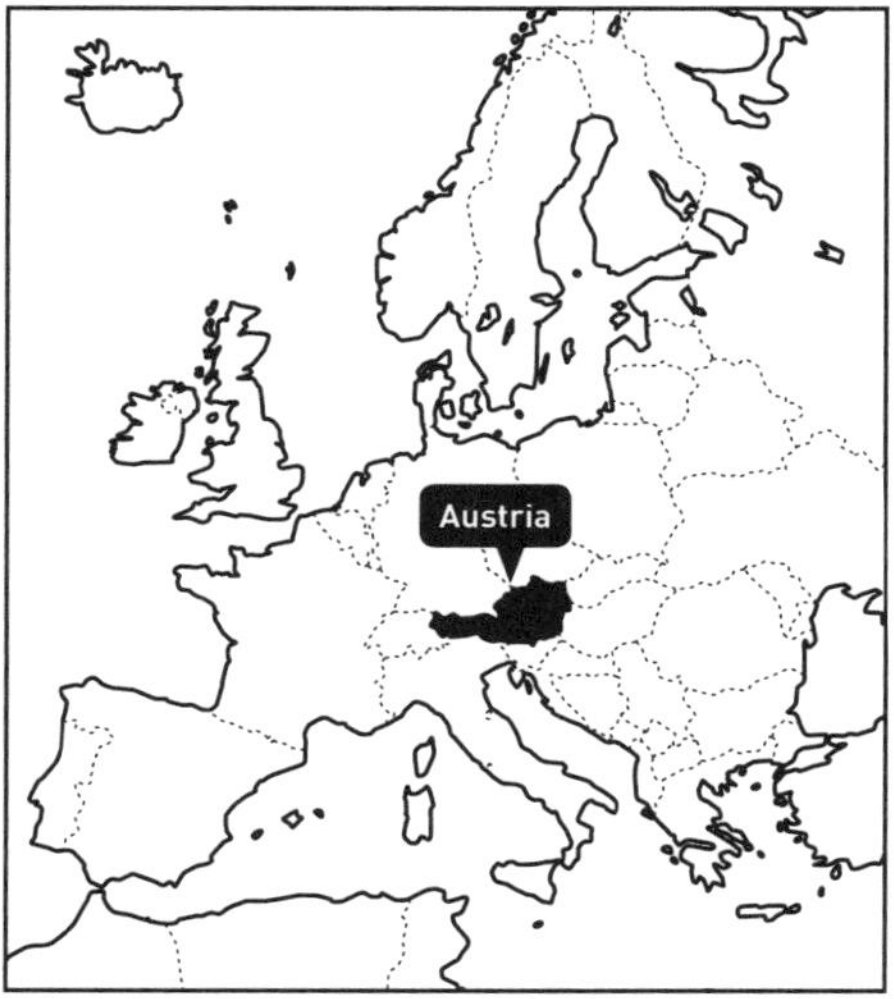

ソーセージとコーヒーの嘘

フレンチ・トースト、ブルガリア・ヨーグルト、スパゲティ・ナポリタン、フランクフルト（ソーセージ）、パルメザン（チーズ）、アメリカン・コーヒー、ロシアン・ティーなどなど、世の中には国名や地名がつく料理や飲み物が数多くある。だが、本当に海外でそう呼ばれているものもあれば、なかには日本人が勝手に名前をつけたものもある。

では、ここでクイズ。左記の中で、実際にオーストリアにあるものはどれでしょう？

①ウィンナー・ソーセージ（ウィーン風ソーセージ）

②ウィンナー・コーヒー（ウィーン風コーヒー）

③ウィンナー・シュニッツェル（ウィーン風カツ）

まず、①番のソーセージだが、昭和の日本人と〝オーストリア〟との出会いは、おそらくこの〝ウィンナー・ソーセージ〟が始まりではなかろうか。お弁当のおかずでよく見かける赤い皮付き〝ウィンナー〟の〝タコ〟が、まさかオーストリアの首都ウィーンのことだとは。今になれば、ソーセージにはいろいろな種類があって、ウィーンのほかにもフランクフルトやニュルンベルクなどの町の名がついているのだとわかる。だが、実際にウィーンで暮らしてわかったのは、あの細くて短いなつかしい赤いウィンナーはどこにもないということだった。

英語のソーセージ（sausage）を、ドイツ語ではヴルスト（wurst）という。ウィーンは英語でヴィエナ（Vienna）、ドイツ語でヴィーン（Wien）だから、日本語に翻訳するならドイツ語的に〝ヴィーナー・ヴルスト〟か、英語的に〝ヴィエナ・ソーセージ〟と訳すべきだろう。なのに、〝ヴィンナー・ソーセージ〟と命名しただけでなく、〝ヴィンナー〟＝〝ソーセージ〟の概念を社会に定着させてしまった日本人の語学力と商才には脱帽だ。

では、次に②のウィンナー・コーヒーについては、日本ではホイップクリームをのせた気品と格調あるものが〝ウィンナー・コーヒー〟とネーミングされているものの、答えは×だ。

近年、小澤征爾《おざわせいじ》氏がウィーン国立歌劇場の常任指揮者だったことで、ウィーンを訪れる日本人が圧倒的に増えた。そんな日本人観光客が旅の土産話として絶対に試したいのがウィンナー・コーヒー。だが、現地のカフェのメニューにウィンナー・コーヒーがないのでがっかりしたり、「ウィーンにはウィンナー・コーヒーはありません」という親切なガイドブックの注意書きを読んで真実を悟った人もいるかもしれない。日本人が思い描くウィンナー・コーヒーが飲みたいなら、〝アインシュペンナー〟を注文すればいい。クリームたっぷりの期待通りのコーヒーが運ばれてくるはずだ。

それでは、ここでウィーンのコーヒーとカフェ文化について語っておきたい。

一九世紀末、アール・ヌーボー（新しい芸術）とともにウィーンに花咲いたお洒落なカフェ文化。そのコーヒーは、元を正せばオスマン帝国の第二次ウィーン包囲（一六八三年）のときの置き土産だ。三〇万のオスマン・トルコ軍に囲まれて陥落はもはや時間の問題と思われたとき、七カ国語を操るトルコ人に扮した男がオスマン帝国の国家を歌いながら敵陣をかいくぐりポーランドへと走った。彼の伝令のおかげでポーランド王ヤン三世の援軍が駆けつけ、オスマン・トルコ軍を挟み打ちして蹴散らした。陣営に残されていたのは、ラクダの餌かと見まがう黒い小さな丸い粒。それを褒美として受け取った伝令のフランツ・ゲオルグ・コルシツキーは、まもなくウィーン第一号となるカフェ店「青い瓶」をオープンした。

後世、モーツァルトやベートーヴェンがオスマン帝国軍の勇猛果敢と市民の脅威を『トルコ行進曲』に表したように、帝国を救ったエピソードはウィーンのカフェ文化と一緒に語り継がれてきた。その後、この伝承に先駆けてウィーンにはアルメニア人のカフェがあったという新説が浮上したが、〝第一号店〟の名誉が塗り替えられることはなかった。

さて、一九世紀末のウィーン。コーヒーはまだ特別な嗜好品として扱われ、時代の先を行く人々は昼から夜中までカフェにたむろした。シュトラウスの音楽にのって、まるでディスコのようにワルツに踊り狂い、世の中の不平不満を吐き出した。印刷技術の進歩によってカフェに新聞が常備されると、日々の情報交換の場にもなった。

そんな当時のカフェには、知識人・文化人に交じって皇太子ルドルフの姿も見られた。彼が父親である皇帝への批判を口外したために、ハプスブルク家に逆風が吹くことにもなった。カフェはハプスブルク家の終焉《しゅうえん》を早め、地下活動の巣窟《そうくつ》的役割を担うことにもなった。

カフェは、オーストリア人の無責任な享楽主義、それとは逆の気真面目さ・繊細さ・ひ弱さ・もろさ、抵抗心とそれに相反する服従心、議論好きで文学や音楽を愛してやまないロマンチズム・ナルシズム・ペシミズム・現実逃避、愛憎、善悪、明暗、清濁併せのんできた。

話が少々長くなった。……というわけで、クイズ「ウィーンに実際あるもの」の正解は、③番のウィンナー・シュニッツェルということになる。

このウィンナー・シュニッツェルこそ、ハプスブルク家の栄光の歴史を今に伝える料理だ。ハプスブルク家は、広大な領地にゲルマン、スラヴ、ラテン系の多様な民族を抱えていたため、各国の郷土料理が帝都ウィーンにもたらされた。

実は世界中に名の知れた「ウィーン風カツレツ」は、イタリア北部ミラノが故郷だ。運動会のBGMで必ず流れる、あるいはウィーン・フィルハーモニー交響楽団のニューイヤーコンサートで聴くヨハン・シュトラウス一世作曲の「ラデツキー行進曲」。かのヨハン・ヨーゼフ・ヴェンツェル・フォン・ラデツキー伯爵が、北イタリアの独立運動に勝利し、ロンバルド・ヴェネト王国の副王に任ぜられ、宮廷に献上されたのがこのカツレツのレシピだった。だから、世界中でウィンナー・シュニッツェルと親しまれているが、イタリアではミラノ風カツレツという名前で呼ばれている。

ウィーンでシュニッツェルを食べるなら、街の中心シュテファン寺院からすぐのフィグルミューラーが一押しだ。二店舗あるが、小路に入る本店（Wollzeile通り）の方が、ワイナリーのような素朴な雰囲気でおすすめだ。ボーイさんたちは堅苦しくもなく、気安すぎることもなく、地元の人とツーリストと分け隔てなくテキパキと応対してくれる。店の自慢は、お皿からはみ出す特大のウィンナー・シュニッツェルだ。

以前、雑誌の取材でインタビューした際、店長は「ミラノがルーツ」ということは否定しなかった。オーストリア人は正直者でウソがつけないところもあるが、イタリアのロンバルディア地方は当時ハプスブルク帝国の傘下で、将軍が持ち帰ったこともオーストリアの誇りなのだという。以来、王宮の台所から一〇〇年の歴史を持つウィーンの代表的料理へと昇華したのだと話してくれた。

「しかも、最上級の仔牛の肉を使ったのはウィーンが最初です」「店では、油にラードを加えて、香りと味を引き立てているんですよ」。オリジナルに手を加え、さらにクオリティーの高いものに仕上げる。この美食気質と探究心、あくなき技の練磨もまた、ウィーン気質なのかもしれない。

ハプスブルク家の食卓

「戦争は他の者に任せよ、汝《なんじ》、幸いなるオーストリアよ、結婚せよ」

ハプスブルク家の箴言《しんげん》として代々受け継がれてきた言葉だ。元をたどれば一一世紀頃スイス北東部の小さな一諸侯にすぎなかったが、一二七三年ルドルフ一世（在位：一二七三〜九一年）が〝神聖ローマ帝国〟の君主に選出されて以来約六五〇年、最小限の戦いと婚姻政策を駆使してヨーロッパの大国にのし上がった。

周辺のボヘミア王国、ハンガリー王国、イタリアのナポリ王国、トスカーナ大公国のほか、ポーラ

オーストリア

ハプスブルクがもたらした「小さなワイン大国」という果実

ンド南部からバルカン地域、一時はブルゴーニュ（フランス・ドイツの一部）、フランドル地方（現オランダ・ベルギー）、ポルトガルや中南米にも領地を持つスペイン王国の君主にもなり〝日の沈まぬ国〟と称えられた。

ドイツ語で「東の国」を意味するオーストリア（Österreich）は、それより東は異文化のトルコが控えるヨーロッパの最果ての地でもあった。現在の地図を見れば、ちょうど東西ヨーロッパのどまん中に陣取っている。そんな地理的条件も手伝って、ハプスブルク家には領土内の自慢料理が持ち込まれた。

代表的なところでは、ボヘミア（チェコ）のお団子料理クヌーデル、ハンガリーのグヤーシュスープ、クロアチア経由でボスニアのチェパプチッチ（細長ハンバーグ）、イタリアやギリシャのシーフード料理、スペインやブルゴーニュ（現フランス）の砂糖やチョコレート菓子。そんな豊かな食材と料理が集まる環境にあったオーストリア人は、同じゲルマン系でも郷土料理が「ソーセージとジャガイモ」のドイツ人とは性格はかなり違う。

食生活は幼い頃の躾《しつけ》の基本であり、人格形成にも大いに影響する。一般的にドイツ人は質実剛健・杓子定規・融通が利かないのに対し、オーストリア人は寛容・享楽的・融通が利く気質であるのは、バラエティーに富む食生活をはじめ、多様な文化を背景とする環境に育ってきたことと無関係ではないだろう。

ところで〝最後の皇帝〟フランツ・ヨーゼフ一世がどんな料理を食べていたかを見ることで、皇帝の性格はもちろん、オーストリア人気質までうかがい知ることができる。

晩餐会やパーティーに招かれた来賓がウィンナーワルツで朝まで踊り明かしていても、皇帝は夜一一時には自室へ戻って軍隊用の硬いベッドに横たわった。朝は三時半に起床し、五時には皇帝の制服としては質素なグレーの軍服を身につけて公務に就いた。だが、この時間の正確さ、自制心、勤勉さは、むしろ大方のオーストリア人には欠如している徳目かもしれない。

コーヒーは慈養のある生の卵黄が入ったカイザー・メランジェ。皇帝がこよなく愛した料理は、牛肉と野菜を柔らかく煮込んだターフェルシュピッツ。

フランツ・ヨーゼフ一世はかなりの甘党だったようで、王宮御用達の菓子店には皇帝専用の部屋まであった。そのおかげもあって、この頃たくさんのケーキが誕生している。なかでも皇帝のお気に入りのデザートは、ホットケーキを細かくしたカイザー・シュマーレン。小麦粉と卵にラムやレーズンを混ぜてフライパンで焼き、パウダー・シュガーをかけたシンプルなお菓子だ。本来、このカイザー・シュマーレンは宮廷料理人が皇妃シシィ（エリザベート）のために考案し、〝カイザリン・シュマーレン（皇妃のオムレツ式パン）〟と命名されたものだった。ところが、皇妃（カイザリン）はそれがあまりお気に召さず、皇帝の方が所望するようになったため、今では〝カイザー（皇帝）〟の名が残っている。気まぐれでわがままな皇妃。かたや贅沢よりも素朴な〝おふくろの味〟を好んだ皇帝。シュマーレンにまつわる逸話から、そんな二人の性格がしのばれる。

上は皇帝夫妻から市民に至るまで、オーストリア人は自然を愛し、季節感を大切にする民族だ。アルプスの国らしく、山林に自生するキノコはスープやソースに。木の実の栗やクルミ、プラム・杏・ベリー類など、季節の自然の恵みはデザートに使われてきた。

またオーストリア人は古いレシピを大切にする保守的な傾向と、さらに美味しいものを求める進取の気性を兼ね備えている。実際、宮廷のコックたちは皇帝を喜ばせようと料理を工夫したり、新しいスイーツを考案したりと余念がなかった。そんなオーストリア人は、大いに食べ、大いに踊り、大いに恋をする。イタリア人と違うところは、人生の楽しみ方がちょっとメランコリックなところだ。

ところで革新的な皇妃シシィは、不幸な最期を遂げた皇太子ルドルフに思想的な影響を与えたと言われるが、宮廷の食卓にも革命をもたらした。それは故郷のバイエルンではよくても、ウィーン宮廷では認可されていなかったビールを持ち込んだことだ。当時、田舎の庶民の飲み物だったビールは、「ま〜あ、はしたないこと！」と姑のソフィーにたしなめられた。それでもバイエルン出身のシシィはビールの旨さを知っていて、食事のときはワインよりも生ビールを好んで飲んだという。

食の違いが嫁姑のバトルに発展しがちなのは、格式を重んじるハプスブルク家も現代日本の一般家庭もあまり大差はないようだ。

ワインに見るオーストリア人気質

オーストリアは小さなワイン大国だ。生産量は全ヨーロッパの約一パーセントにすぎないが、そのクオリティーの高さには定評がある。夏は暑い日差しに照らされて、秋は夕方ぐっと冷える寒暖の差、粘土質と砂状の二種類の土壌、傾斜や水など種々の自然の条件が、ブドウの産地に最適なのだとオーストリア人は胸を張る。

フルーティで口当たりがよく、豊かな香りを放つ繊細で深みのある白ワインは、彼らの人生に恋や音楽が不可欠なように、なくてはならない存在だ。そんなワインのテイストは、奇しくもオーストリア人の性格と重なり合うところがある。日本を代表するソムリエの田崎真也《たさきしんや》さんは、「オーストリア人達の印象は、誇り高く、大らかでかつ几帳面であるというイメージがあり、そのニュアンスはワインの特徴にもはっきり表れているような気がする」と語っている。

ところで、ウィーン市の北のはずれのドナウ川沿い一帯はワインの産地で、都会とは思えないのどかな田園風景が広がっている。引越し魔で知られる、かのルートヴィヒ・ヴァン・ベートーヴェン（一七七〇～一八二七年）は、ここで名曲を生み出した。

『交響曲第三番（エロイカ／英雄）』を作曲した小さな家は、現在「エロイカハウス（Eroicahaus）」として一般に公開されている。近くのハイリゲンシュタット公園にはベートーヴェンの像が立ち、エロイカ通り（Eroicagasse）をまっすぐ行くとベートーヴェンの小径（Bethobengang）と交わる。

このうっそうと茂る木々に囲まれたシュライバー川沿いの小径は、楽聖が『交響曲第六番（田園）』の着想を得た場所と言われている。なるほど、ここで小鳥のさえずりや小川のせせらぎに耳を傾けながら、春の香りを胸いっぱいに吸い込み、秋風に舞う落ち葉を踏みしめながら散歩を楽しんだのだろ

オーストリア

ハプスブルクがもたらした「小さなワイン大国」という果実

うか。この道を越えると一気に日差しが明るく感じられ、眼前に開ける丘陵にはブドウ畑が広がっている。作曲の際も、ワイングラスを手放さなかったというワイン好きのベートーヴェンは、のどかな自然の中でブドウの花がほころび、徐々に大きく膨らんでゆく実を目を細めて眺めていたことだろう。

この辺りはグリンツィングと呼ばれる地域で、出来たての自家製ワインを振る舞うワインの居酒屋〝ホイリゲ〟が軒を連ねる。ホイリゲの歴史は古く、一八世紀の後半に皇帝ヨーゼフ二世（在位：一七六五〜一七九〇年）が、ワイン農家に居酒屋の特権を与えたのが始まりとされる。ホイリゲ（heiriger）とは、「今年のワイン（が飲める店）」という意味で、毎年一一月一一日（聖マルティンの日）には、松の枝がホイリゲの軒先に飾られる。この「新酒が出ました」という合図を機に、ワイン好きがウィーンの森にぞくぞくと集まってくる。

またホイリゲ・ワインの到来は、クラシックコンサートや舞踏会の季節でもある。ウィーン国立歌劇場やウィーンフィルの本拠地の楽友協会でオペラやコンサートが開催されるほか、市内の至るところで忘年会や新年会代わりに舞踏会が催される。舞踏会ではもちろん、演目の幕間にもワインはつきものだ。

さてオペレッタ『ウィーン気質』には、堅物のご主人に「ちょっとはウィーンの風に吹かれて浮気の一つもしてみなさいな」と、奥さんがけしかける歌がある。〝ウィーン気質〟とは江戸っ子の〝粋〟に通じるかもしれない。だが、一般にオーストリア人は恋愛に関しては良く言えば大らか、悪く言えば多情なところがあり、むしろ〝浮気〟を必要悪とし、密かに逢瀬を重ねてスリルを楽しむのが目的のようにも見える。だから、浮気は表立ってしてはいけないし、絶対にバレてもいけないのだが、実際のところオペレッタのようにドタバタ劇を演じる夫婦は決して少なくない。だが、最後はオペレッタの歌詞にあるように、「ソフトで、力強く、情熱的で、美しく、勇気があって、元気づけ、生き生きさせる～ウィーン気質のせい」と丸くおさめるのがウィーン流なのだ。

スイス

正式名称　スイス連邦
首　　都　ベルン
面　　積　41,000km²（九州とほぼ同じ）
人　　口　824万人
主な宗教　キリスト教（カトリック38%、プロテスタント26%）

「世界一リッチな国」は「世界一のレストラン大国」

モッタイナイが基本の傭兵・農民・牧夫料理

クレディ・スイス、UBS、オメガ、ロレックス、ロンジン、ラドー、ロシュ、ノヴァルティス、フィリップモリス、ミグロ、ネスレ……。どれもスイスを代表する世界に知られた一流企業だ。長い間、「金より堅いスイスフラン」という信用をバックに、金融、保険業、時計、精密機械、薬品、食品産業が発達し、実質的にヨーロッパ一の豊かな国になった。

しかし、かつてスイスは山がちな猫の額のような土地を汗水たらして耕す零細な農業国だった。しかもアルプスの山々が連なり、氷河に覆われる国では、寒い冬の農閑期には仕事がなく、職業軍人の傭兵《ようへい》を他国に出稼ぎに出していた。

特にスイス人の絶対に主人を裏切らない忠誠心と責任感に支えられた無類の強さが買われて、フランス王家とローマ教皇は最大の雇用主だった。先祖から傭兵・農民・牧夫気質を受け継ぐスイス人は、口数は少なく勇敢、粘り強くて勤勉、保守的で負けず嫌い。どこか日本の東北人に通じるところがある。

ところで、スイスは隣接する国々の違いによって、ドイツ語（六四％）・フランス語（二三％）・イタリア語（八％）とロマンシュ語（〇・一％）の四つの異なる言語圏に分かれている。聞き慣れないロマンシュ語というのは、その昔ローマ帝国の属州だった時代に公用語のラテン語が、のちにアルプ

スイス

「世界一リッチな国」は「世界一のレストラン大国」


スの山間部で独自に変化を遂げたもので、目下、消滅の危機に瀕している言葉だ。

言語圏の違いは言葉の違いだけにとどまらず、気質の違いにも表れる。大ざっぱに言えば、スイス人は各言語圏ごとに、柔軟でセンスのいいドイツ人、やぼったくて自己主張しないフランス人、教養があって慎み深いイタリア人に見えないこともない。

さて、スイスには谷間ごとに異なる国があると言われるように、国内二六のカントン（州）は独自の憲法、政府、議会、裁判所を持っている。九州ほどの小さな国ながら多様性に富み、それぞれの州ごとに独立心旺盛で対抗意識がある。だから自分たちをジュネーブ人、チューリッヒ人、ベルン人、バーゼル人だと考えている。

同じスイス人ながら、地域によって言葉や気質や考え方に違いがあるように、食文化にも違いがある。とはいえ日本で知られているスイス料理といったら、熱い白ワインの中にチーズを溶かして、パンにからめて食べるチーズフォンデュくらいのものだろう。日本人には、チーズ三昧のおしゃれで贅沢な料理に見えないこともないが、どんな素材を使っているかを知ると、チーズフォンデュが質素なスイス人気質を象徴する料理に見えてくる。

いささか話は脱線するが、ケニアで三〇〇〇万本の植樹運動「グリーンベルト」を成しとげ、アフリカ人女性で初めてノーベル平和賞を受賞したケニアのワンガリ・マータイさんが、訪日を機に世界に流行らせた言葉が「Mottainai（モッタイナイ）」だった。地球を破滅から救うには、資源の無駄遣いをなくし、使えるモノは再利用し、リサイクルする。すなわち「3R（リサイクル・リユース・リデュース)」が、「モッタイナイ」という一語に凝縮されていると考えたのだ。

だとしたらチーズフォンデュは、スイス人の「モッタイナイ」の精神を代表する料理と言えなくもない。日常的にパンを捨てないスイス人は、硬くなったパンを料理に利用する。チーズも硬くなって干からび加減のものを使い、ワインも飲み切らないテイストの落ちたものを使い切る。

フォンデュ(fondue)は「溶かした」という意味のフランス語だが、その言葉の通り、もともとはスイスのフランス語圏の料理だ。一般的にはエメンタールチーズとグリュイエールチーズの二種類を細かく切るか、おろし金ですりおろし、分離を防ぐためにコーンスターチをまぶす。土鍋か銅鍋のまわりにニンニクをこすりつけて香りを出し、鍋の中で白ワインを熱してチーズを入れる。チーズが溶けたら、細長いフォークの先に小さくちぎったパンを刺し、トロリとしたチーズをからめて食べる。一説によれば、牧夫の保存食だったということだ。

しかし、これだけではフォンデュが貧しい料理だと思われてしまうので、スイス人の名誉のために補足すると、フォンデュにはサイの目に切った牛フィレ肉を串に刺して、熱した油の中をくぐらせ、数種類のソースをつけて食べる、ちょっと贅沢なオイルフォンデュ(フォンデュ・ブルギニョン)という料理もある。これとは別に薄切り肉をコンソメやだし汁で湯がくスープフォンデュ(フォンデュ・シノワーズ)は、日本のシャブシャブのようでもある。最後に、熱した牛乳にチョコレートを入れて溶かし、フルーツやマシュマロにからめて食べるチョコレートフォンデュは、子どもや女性に大人気のデザートだ。

スイス

「世界一リッチな国」は「世界一のレストラン大国」

だが硬いパンを料理するのは、なにもフランス語圏のスイス人に限ったことでない。ドイツ語圏のスイス人にもフォッツェル・スライス（フォッツエルシュニッテ）という料理がある。これは硬くなった黒パンを卵とミルクに浸して柔らかくし、両面をフライパンできつね色に焼いて、上から砂糖とシナモンを振りかける軽食で、冷たいミルクと相性がいい。

しかし、スイスのドイツ語圏を代表する料理と言えば、やはりレシュティだろう。なにしろスイス国内のドイツ語圏とフランス語圏の境界は、「レシュティ・グラーベン（レシュティの溝）」と呼ばれたことがあるくらいだ。現在、レシュティはスイス全国で食べられているから、この境界線はすでに取り払われてしまっている。

レシュティの作り方は、ジャガイモをおろして形を整えて塩とコショウで味付けし、油やバターを入れたフライパンで揚げるだけのこと。本来、朝食に単品で食べていたものが、メイン料理の付け合わせにもなっている。

レシュティには、形は丸か四角か、大きさはどの程度にするか、どの種類のジャガイモを選ぶか、また素材は茹でるか生を使うか、あるいはベーコンやチーズなどを加えるかどうか、各家庭のこだわりと工夫がある。

もともとスイス料理はチーズやジャガイモを使った、農民や牧夫のための手間ひまかけないシンプルな料理で、これに質実剛健の傭兵魂とモノを大切にする「モッタイナイ」の心が生きている。

ハイジの食事VSミシュラン三つ星レストラン

マッターホルンやユングフラウ、四〇を超える四〇〇〇メートル級の雄大な山々が連なり、レマン湖をはじめ一五〇〇もの碧《あお》い湖が点在するスイス。

澄んだ山の冷たい空気、アルプスのきれいな雪解け水、山の斜面で草を食《は》む家畜の群、山間にこだまするホルンの響き、ビブラートを効かせたヨーデルの独得の歌声、何でも話し合いで決める民主主義を体現した人々、戦争のない平和な永世中立国……。

そんな日本人が抱くスイスへの淡い憧れは、宮崎駿《みやざきはやお》監督も携わったTVアニメ『アルプスの少女ハイジ』から強い影響を受けているようでもある。裸足のハイジはいつも同じ質素な服を着て、屋根裏部屋のワラのベッドで眠り、山羊の乳を飲み、ライ麦の黒パンをかじっていた。

日本からスイスにやって来る観光客の中には、チューリッヒから列車に揺られて、ハイジの故郷マイエンフェルト近郊を訪ねるアニメファンも少なくない。しかも、あえて質素な農家の民宿を探し、星空を眺めながらワラ入り布団で眠るという気の入れようだ。そのうえ牛乳ではなく、どうしてもハイジが飲んでいた山羊の乳が飲みたいとリクエストする。

そんな夢みるマニアックな観光客は、朝食には硬めの黒いライ麦パンを所望する。なぜなら、アルムの山小屋からフランクフルトのお金持ちのクララの家に連れて行かれたハイジは、そこで朝食に白いふかふかのパンを出されて目を丸くする。生まれて初めて白パンを食べたハイジは、食事のたびにこっそり部屋に持ち帰ってペーターの目の見えないおばあさんへのお土産にしようと考える。何がなんでも麦の黒パンでなければならない理由は、そんなストーリーを記憶しているからだ。

また、アニメファンが絶対に食べたいのが、ラクレットというスイス料理。第二話「おじいさんの山小屋」では、ハイジの面倒をみているアルムおんじが、細い鉄の棒にチーズを刺して囲炉裏の火であぶるシーンが出てくる。これはスイス南部の山岳地方（ヴァレー州）の伝統的な郷土料理で、ラクレ（racler）はフランス語で「削ぎ落とす」という意味だ。

チーズの名がそのまま料理名にもなっているラクレットは、直径四〇センチほどの円盤型のチーズを半分に切って、暖炉の直火や専門の電熱器であぶり、溶けたチーズの表面をナイフで削ぎ取って、茹でた皮つきのジャガイモにからめて食べるというワイルドな料理で、これもまたルーツは牧夫の昼食に行きつく。

実際に、溶けたラクレットをジャガイモにのせて食べたアニメファンは、しばし幸福感に酔いしれる。だが、その直後「確かハイジの家では、山羊の乳からチーズを作っていたはずだが……」との疑問を持つ人もたまにいるようだ。ラクレットは、牛乳から作るコクがあってまろやかなセミハードタイプのチーズなのだ。

アニメファンの夢を壊すようで申し訳ないが、現実のスイスはハイジの世界とはかけ離れている。それを知るのは、世界のビッグマックの値段を比較した「ビッグマック指数」を見るのが手っ取り早い。スイスのビッグマックは、日本の二・四倍の八八八円（二〇一五年）で世界一高い。一方、スイスのマクドナルドの店員の自給は二〇〇〇円で、日本と比べてもかなり賃金が高い。二一世紀の現在、ハイジが生まれ育ったスイスは物価が世界で最も高く、また商業都市のジュネーヴは世界一収入が多いところなのだ。

二〇〇四年、チェコ・ハンガリー・ポーランド・スロベニアなどの旧東欧諸国がEU（欧州連合）に加盟したのは、EUに入れば西ヨーロッパ並みの生活が保障されると期待したからだった。他方、スイスは国民投票の結果、EU加盟を拒否してしまった。スイス人は旧東欧諸国とは逆に、低いEU基準に合わせたら自国の生活レベルが引き下げられてしまうことや、EU内は人の移動が自由なので大量の外国人労働者が押し寄せることを恐れたのだ。

では、その昔、傭兵として出稼ぎをしていた国が、なぜそれほど豊かになれたのだろう。その理由としては、第一に銀行業の成功が大きい。顧客情報を絶対に漏らさないスイスの銀行は、つい最近まで独裁者と言われる人々も含めて、世界中のお金持ちが税金逃れのためにこっそり個人口座を開いて、何の憂いもなく財産を隠し持っていられた。秘密厳守のスイス人気質が信用されて、世界中から巨万の富を集めたのだ。

また、法人税率を低く設定することで、外国企業の誘致に成功。そのうえスイス人は語学が堪能で、教育水準も高いため、企業にとって十分な人材がそろっている。しかも州によっては、所得税率を低く抑えることで、世界中から富豪を招き寄せている。所得税の連邦税（最高一一・五％）は一律でも、

スイス

「世界一リッチな国」は「世界一のレストラン大国」

州の税率は独自に決定できるため、所得税の低いツーク州（一二・五七％）やシュヴィーツ州（一四・二六％）などは、お金持ちが暮らしやすいカントンだ。

だが、それでも疑い深い人々は自分たちの成功が信じられず、この繁栄はうたかたのもので、いつかまた昔の貧乏暮らしに戻るのではないかという漠然とした不安を感じながら生きている。すべてのスイス人の家の地下には、最低一年分の食料を蓄えた核シェルターがあるうえ、その年に収穫された小麦は手をつけずに前の年の古い小麦を食べるのは、そんな心配性な性格も手伝ってのことだ。

さて、ヨーロッパで最もリッチなスイスは、食の世界でもプアーなイメージを払拭し、近年大いに見直されつつある。二〇一六年のミシュラン・スイス（レッド・ミシュラン）の格付けによると、三つ星レストラン（それを味わうために旅行する価値がある卓越した料理）が三軒、二つ星（極めて美味であり遠回りをしてでも訪れる価値がある料理）が一八軒、一つ星（その分野で特に美味しい料理）が九五軒もあった。すでに二〇一〇年の時点で、「スイスは人口比でレストランに付くミシュランの星の数が世界一多い」と発表された通りだ。

ミシュランの編集責任者によれば、スイスのレストランが多くの星を獲得したのは、第一に隣国フランスやイタリアの美食家の影響を受けて、客の舌がこえたからだという。また、ワインの美味しいところに美味しい料理が育まれるとの定説があるが、スイスも一級のワイン造りに努力した結果、料理の質が向上したと評価する。

スイスの一人当たりの年間ワイン消費量は五〇リットルで、世界第五位。ワインはスイス人の生活に深く根づいている。もちろん国内ではワイン造りも盛んだが、その割にスイスワインの知名度が低いのは、量ではなくもっぱら質を重視しているからだ。実際、ほとんどスイス人が国産ワインを飲んでしまい、輸出に回す分は全体の一％でしかない。この国のブドウ農家は、すべて手作業。スイスワインには希少価値がある。

ラヴォー地区と呼ばれるレマン湖北岸の丘陵地帯には、一面ブドウ畑が広がる。ここのワインの起源は一一世紀にさかのぼるが、ようやく二〇〇七年に湖と急斜面のブドウ畑が織りなす自然の風景が世界文化遺産に指定された。ラヴォー地区では、フルーティで爽やかなカラマン（Calamin）やシャルドンヌ（Chardonne）など、八つの銘柄の白ワインが生産されている。

なるほど質の高いワインが、スイス人の「食」の感性を磨いたというのはうなずける。またミシュランの編集責任者は、「スイス人に美味しい料理を食べる経済的ゆとりがあることや、スイスのホテル教育は世界最高レベルで、そんな質の高い教育のおかげで一流のシェフが育っていることも、ミシュランの星が増えた理由だ」とコメントしている。

ところで、ローザンヌ近郊のクリシエールという村のレストラン「フィリップ・ロッシャ」は、二〇〇六年にミシュラン三つ星を獲得後、長らくスイスの食文化のために貢献してきた。今となっては伝説のシェフとなった故フィリップ・ロッシャ氏は、生前「一番大切なことは、毎日最高の食材を手に入れることだ」と語っていた。

ロッシャ氏が最高の食材にこだわったように、スイスでは誰もが安全な食材への強いこだわりがある。というのは、スイス国内には環境に良い食材だけを販売するミグロというスーパーマーケットが五〇〇～六〇〇軒もあるからだ。ミグロの商品には、左記のような九つのラベルが貼られている。

①「ビオラベル」……化学肥料や化学殺虫剤を使わない有機農法で育てた作物であること。また肉となる家畜には、骨粉や遺伝子組み換えしていない飼料を与え、自然の中で育てたことを保証する。しかもミルク・チーズ・卵はすべて国産。ヨーグルトやチーズなどの加工品は、九五%以上が有機栽培の原料を使用している。

②「M―7ラベル」(肉の品質保証)……独立した機関の検査・専門家による加工・信頼できる業者の購入を保証する。家畜には小屋を与えて飼育するのはもちろん、小屋には光や新鮮な空気が入り、

床には清潔なワラを敷かねばならない。また、子牛には十分なミルク・水・干し草を与えることや、家畜の移動は三時間以内とするといった規則もある。

③「アイピー・スイスラベル」……パン・小麦・ジャガイモ・菜種油などに貼られ、独立検査機関アイピー・スイスの厳しいチェックをパスしたことを保証する。小麦や菜種には、殺菌・殺虫剤の使用を禁止。ジャガイモの茎や葉を除去する薬品も禁止される。

このほか、第三世界の生産者を不当に搾取しない④「マックス・ハヴェーラーラベル」、持続可能な漁業・乱獲禁止・絶滅種の保存を目的とした⑤「MSC（海洋管理協議会）ラベル」、森林保護を目的とした⑥「FSC（森林管理協議会）ラベル」、⑦「イルカ保護ラベル」、⑧「エコラベル」、⑨「バイオ綿ラベル」がある。

「食」が生活の基本であることを知悉《ちしつ》しているスイス人は、日本人のように一円でも安いものを探そうといった努力はせず、たとえ値段は高くても安全な食材を購入したいと考えている。結局のところ料理も同じで、見た目の美しさや味よりも、安全性や栄養価といった価値を優先するところに、実直で遊び心のないスイス人気質が表れている。

ギリシャ

正式名称　ギリシャ共和国
首　　都　アテネ
面　　積　131,957km²
人　　口　1,081万人
主な宗教　キリスト教（ギリシャ正教）98%

「地中海ダイエット」でメタボ大国!?

地中海ダイエットでメタボリック・シンドローム

二〇一三年一二月、和食が「日本人の伝統的な食文化」として、ユネスコ世界無形文化遺産に登録された。世界無形文化遺産は二〇〇三年に始まった比較的新しい制度で、対象は口頭伝承、舞台芸術、社会的慣習、儀式、祝祭行事など、祖先から受け継ぎ子孫に伝える伝統や生活表現が含まれる。簡単に言えば、伝統文化、芸能、祭りのことで、すでに日本では能や歌舞伎、その後に広島の「壬生《みぶ》の花《はな》田植《だうえ》」が世界無形文化遺産に加わった。しかし、押しが弱く奥ゆかしい日本人がいきなり和食を世界無形文化遺産にしろとユネスコに迫ったわけではなく、その前にはいくつかの前例があった。日本に先立つ三年前の二〇一〇年に「フランスの美食術」「メキシコの伝統料理」「地中海ダイエット」（スペイン、イタリア、ギリシャ、モロッコの四カ国が共同提案）が世界無形文化遺産に登録され、その翌年に「トルコのケシケキ（麦粥）」も新たに認められた。

前置きが長くなったが、ではユネスコ無形文化遺産の「地中海ダイエット」と呼ばれるギリシャ料理は、どんなものなのだろう。「地中海ダイエット」という言葉を誤解して、地中海料理には痩《や》せるダイエット効果があると早合点する人もいるようだが、ユネスコでは「その景観から食卓に至るまで、作物の栽培と収穫、漁猟、保存、調理、食事に関する知識、技術、伝統の集合である」と定義している。平たく言えば、美しい地中海地域の食事を中心とした健康的なライフスタイルといえるだろう。

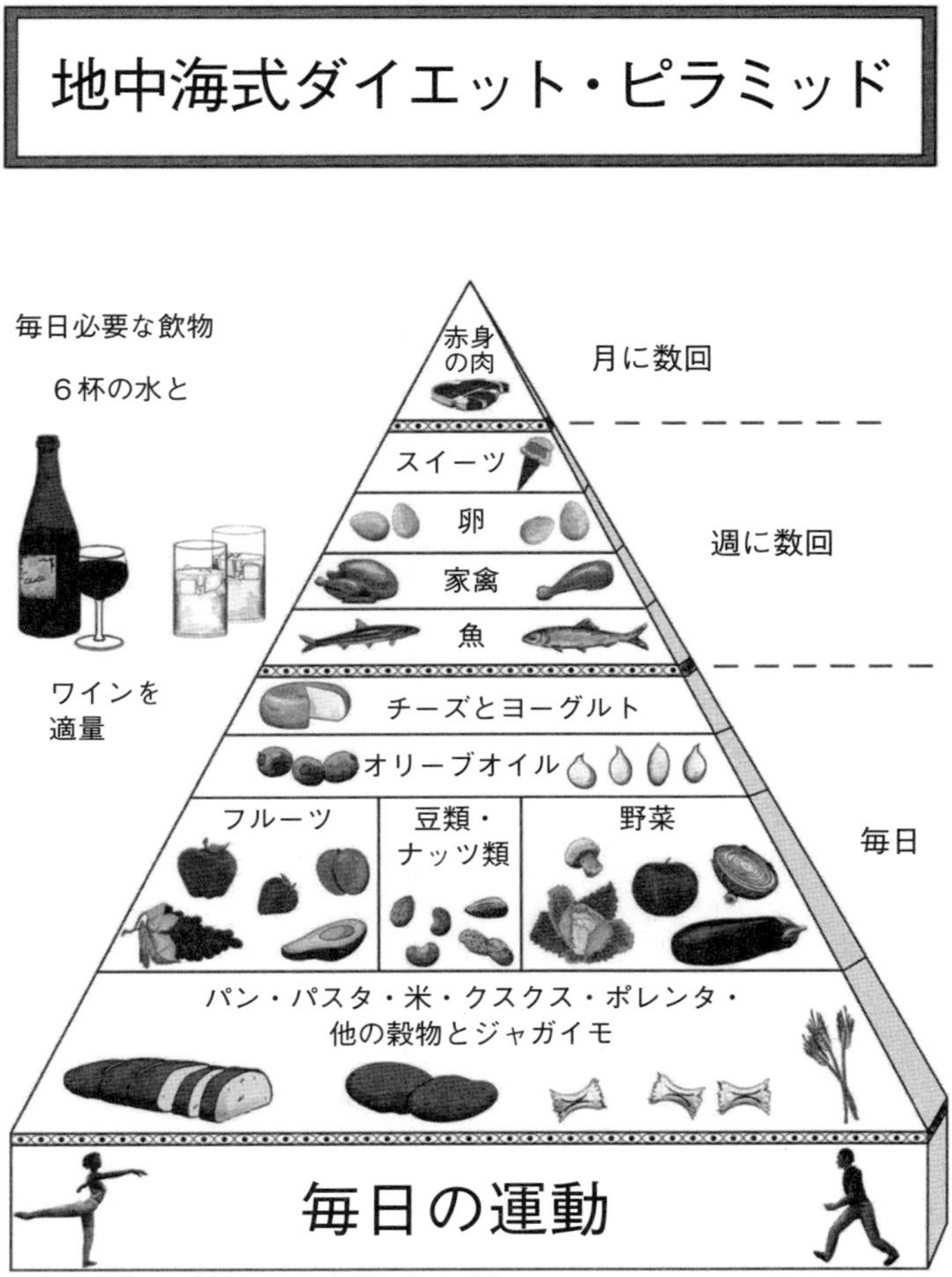

オールドウェイズ「OLDWAYS」提供（2000 年）　www.oldwayspt.org/

日本の常識とはかけ離れた、地中海ダイエットの概念図そもそも地中海料理が健康に良いことを発見したのは、米国ミネソタ大学のアンセル・キーズ博士で、博士は一九五八年から心臓病による死亡率と食事の関係に着目し、アメリカ、フィンランド、オランダ、イタリア、旧ユーゴスラビア、ギリシャ、日本の七カ国において、四〇～五九歳までの一万二〇〇〇人を対象に二五年間にわたって追跡調査した。研究の結果、地中海沿岸地域の人々は、北欧や米国に比べて心筋梗塞《しんきんこうそく》などの心臓疾患の発症率が三分の一以下であることがわかった。特に、フィンランドの心臓疾患死亡率は、ギリシャのクレタ島の二五倍以上だった。

その原因として、博士は北欧や米国の食事にはバターやラードなど動物性脂肪（飽和脂肪酸）がたくさん使われているのに対し、イタリア、スペイン、ギリシャなどの地中海沿岸地域ではオリーブオイルや魚などの不飽和脂肪酸が使われているという事実を突き止めた。現在、ギリシャ人のオリーブオイルの使用量は世界一で、一人当たり年間約二〇リットルにもなる。

動物性脂肪を多量に摂取すると血液中のコレステロールが増加し、動脈硬化を招いて狭心症や心筋梗塞の原因となる。一方、オリーブオイルには悪玉コレステロールを減らして善玉コレステロールを増やすオレイン酸が多量に含まれているほか、血液をサラサラにするリノール酸やαリノレン酸などの働きで、動脈硬化、心筋梗塞、脳梗塞、ガンなどを防止する働きがある。

それでは、地中海ダイエットにはどのような食材が使われているかというと、これについては米国ボストンにあるＮＰＯ「オールドウェイズ（OLDWAYS）」が作成した「地中海式ダイエットのピラミッド」を使って説明するとわかりやすい。

まずピラミッドの底辺は「毎日摂取する食材」で、パン・パスタ・米・クスクス（アラブ地域の主食で粟粒サイズの粉食）・ポレンタ（トウモロコシの粉を練って作ったもの）、そのほかの穀物やイモ類といった炭水化物が占める。その上の第二層には、フルーツ・豆類・ナッツ類・野菜となり、第三層にオリーブオイル、第四層にヨーグルトとチーズがくる。

次に「週に何度か摂取すればいい食材」のカテゴリーでは、第五層に魚、第六層に家禽（鶏・アヒル・七面鳥など）、第七層に卵、第八層にスイーツという順番で積み上がる。

そして、第九層のピラミッドの頂上は「月に何度か摂取すればいい食材」で、ようやく豚肉や牛肉などの肉類が登場する。あくまでもピラミッドの頂上より下の層の食材が大切で、上に向かうにつれて食材の摂取量は少なくてよい。すなわち、毎日パンや米、野菜や果物、乳製品をしっかりとり、週に何度か魚や鶏肉や卵を食べ、月に何度か豚肉や牛肉を食べる。ただし、どんな料理にもオリーブオイルが使われ、しかも毎日グラス六杯の水と、一、二杯のワインを飲むのが地中海ダイエットの基本となる。そして忘れてはならないのが、ピラミッド全体を支える真下の層に「日々の適度な運動」が位置していることからもわかるが、食生活には毎日の軽い運動が欠かせないということだ。

ところで、第四層のチーズの発祥については諸説あるが、ヨーロッパの文献にチーズが初めて登場するのは、紀元前八世紀の詩人ホメロスの叙事詩『オデッセイア』だった。この中には、「美の女神アフロディーテが、ゼウスの娘ヘレナをチーズとワインと甘い蜜で育てたため、ヘレナは輝くばかりの美しさと知性を与えられた」と記されている。この頃から、ギリシャ人はチーズとワインの相性の良さを知っていたことになる。

また、ギリシャワインについてはイタリアやスペインほど有名ではないが、これまた一説によると、すでに四〇〇〇年前にギリシャでワイン造りが行われていたという。〝シンポジウム〟と呼ばれた知的な集会では、ワインを飲みながら哲学的な議論を戦わせていた。余談ではあるが、「乾杯」は食事会のホスト役が最初の一杯を飲んで、一堂にワインに毒が入っていないことを証明してみせる儀式だった。「皆さんの健康を祝して」という言葉には、そういった深い意味がある。

それではさらに踏み込んで、ギリシャの地中海ダイエットにはどんな料理があるのか、その代表的な料理を見てみたい。まずはサラダから。

この国にはトマトを使った料理が多く、国民一人当たりのトマトの年間使用量はダントツで、これもギリシャが世界一だ。最もシンプルなトマトサラダは、薄切りトマトをたくさん皿に盛りつけて、たっぷりオリーブオイルをかけたものだ。ここにはタマネギのみじん切りがのっている場合もある。角切りにしたトマト・キュウリ・ピーマン・玉ネギに、緑や紫色のオリーブを入れて、その上にちぎったフェタチーズをのせたのがグリークサラダ（ギリシャ風サラダ）だ。

ちょっとユニークなサラダに、タラモサラタがある。鯉やボラやタラの魚卵に、刻みタマネギ、これにレモン果汁とオリーブオイルを加えて、マッシュポテトかパンのペーストを混ぜ合わせると、きれいなピンク色に染まる。これはそのまま食べるのではなく、パンにつけていただく。日本でお馴染みのマヨネーズで和えたジャガイモのタラコサラダや明太子サラダは、このタラモサラタをお手本にしている。そのためタラモサラタは、「タラ」コとジャガイ「モ」の合成語と誤解してる方もいるようだが、「タラモ」はギリシャ語で「魚卵」を意味する。

次にギリシャ料理の定番のムサカは、オリーブオイルでソテーしたナスとジャガイモ、トマトソースで煮詰めたラムの挽肉を順番に何層にも重ねて、ベシャメルソース（ホワイトソース）をかけてオーブンで焼いたグラタンのような料理だ。これに似たパスティツィオという料理は、太めのパスタと挽肉を層にしてベシャメルソースをかけてオーブンで焼き上げたもので、どちらも日本人には評判がいい。軽めの前菜には、挽肉とご飯をブドウの葉で包んで煮たドルマデスがある。小ぶりなものはドルマダキァと呼ばれ、ギリシャ人はよく水で割ると白く濁る食前酒のウーゾを飲みながら食べる。

もう少しお腹にたまるものが食べたい人には、スパイスが効いたギリシャ風ミートボールのケフテスがおすすめだ。それと一口サイズに切った羊肉（または牛肉や豚肉）を串に刺して炭火で焼いて、塩・コショウ・オレガノでシンプルに味付けしたスヴラキは、ギリシャ風バーベキューといった感じで、サッパリ風味のジャジキ（ヨーグルトソース）をつけると肉の旨味がいっそう引き立つ。スヴラキはファストフードとして国民から愛され、街中の至るところにスヴラジディコという屋台や小さな専門店を見かける。評判の店には、いつも現地人のお客が列をなしているのは、世界中どこでも見られる光景だ。

デザートの代表は、薄いパイ生地の間に砕いたナッツを挟んでオーブンで焼き、たっぷりシロップを浸したとろけるように甘いバクラバ。このお菓子は、ギリシャがオスマン帝国に支配されていた屈辱の四〇〇年間に定着したものだが、甘党のギリシャ人は今もトルコへの憎しみが癒《いや》されることはないが、バクラバの誘惑には勝てない。しかも、このとき習慣となったトルココーヒーが大好きだ。しかし負けず嫌いのギリシャ人は、このコーヒーをトルココーヒーと呼ばず、ギリシャコーヒーまたはビザンティンコーヒーと呼ぶ。三九五年にローマ帝国が東西に分裂したのち、皇帝以下、東ローマ（ビザンティン）帝国の中心的役割を果たしたのは、ギリシャ人だったことを誇りにしているからだ。

〝世界一〟が大好きなスローライフの達人国家

ところで地中海ダイエットが、地中海沿岸地域の食事を中心とした健康的なライフスタイル全般を指すことはすでに説明した。すなわち地中海地域では、美しい自然の中で気心の知れた人々と楽しく語り合いながら食事をする、ヒューマンでスローなライフスタイルが求められる。

しかし、一般に日本人はギリシャのスローなライフスタイルに対して若干、誤解があるように思える。日本人が思い描くギリシャは、ギリシャの実像からかけ離れ、少し美化されているかもしれない。高台の丘にそびえ立つ悠久のアクロポリスの神殿。白壁にかかる赤紫色のブーゲンビリア。エメラルドグリーンに光るエーゲ海に浮かぶ白いマストの帆船。ミロのヴィーナスのような上品で神々しい女性。若きアレクサンダー大王をほうふつさせる澄んだ瞳の凛々《りり》しき青年。ロバにまたがって、小さな島の急傾斜の小道を上る白髭《しらひげ》の老人……。確かに、どれもギリシャに存在するものではあるのだが。

ギリシャ

「地中海ダイエット」でメタボ大国!?

しかし、はるばる憧れのアテネを訪ねてみると、どこか町全体がすすけて殺気立っている。渋滞で身動きできず、クラクションの大合唱をするドライバーたち。タバコをふかしながら、赤信号でも車と車の間を走り抜けて横断するモラルなき市民。大らかなのはいいが、場所柄もわきまえず、やたら大声をはりあげる人々。ところかまわず、公道にじっと横たわる野犬の群……。そんなギリシャを目の当たりにして、一瞬パニックに陥る日本人観光客の姿も見られる。

世界一のチーズ消費量、世界一のトマト消費量、世界一のオリーブオイル消費量、世界一のハチミツ消費量、世界一古いワインの記録……。ギリシャ人は世界一が大好きだ。このほかにギリシャはどんなことで世界一かというと、まず世界一の喫煙率（五一・七％／二〇〇九年、ＷＨＯ調査）が挙げられる。国民の半分、男性の五人に三人、女性の五人に二人が愛煙家だ。それと興味深いのは、セックスの頻度が年間一三八回で世界一（二〇〇五年、デュレックス社調査）。かたや日本人は四五回で最低だ。この二つの調査から、ある程度ギリシャ人像が見えてくる。

では、そんなギリシャ人がどのようなスローライフを送っているかというと、これについては労働時間と密接な関係性がある。この国では四人に一人が公務員で、官庁の勤務時間は朝七時から昼の二時、三時で、これにならった民間企業も少なくない。だからギリシャ人の朝は早く、宵っ張りの人々は夜中までナイトライフを楽しむ。それでは体力がもたないので、どうしてもシエスタ（昼寝）が必要になる。最近、都会ではシエスタの習慣が薄れているとはいえ、午後一時から夕方四時まで自宅に戻ってゆっくり昼食をとった後にお昼寝に入る。普段は礼儀に無頓着なギリシャ人も、シエスタの時間帯に電話をかけるのは慎む。昼寝から目覚めても、すぐにはお腹が減らないので、必然、夕食は九時、一〇時過ぎになる。シエスタで元気になった人々は、家族や友人とカフェバーやタベルナ（大衆食堂）に出かけ、ペチャクチャととりとめのない話に花を咲かせる。そういうギリシャのスローライフなど、到底、日本人がマネできるものではない。

最後に、最も大事な「世界一」を紹介する必要がある。ギリシャ人は男女ともに、世界ではアメリカ人に次いで、ヨーロッパでは最も肥満指数が高い（二〇〇八年、ＯＥＣＤ調査）。しかも五〜一七歳の子どもの肥満指数は、ライバルのアメリカを抜いてギリシャが男女ともに世界一だった（二〇一〇年、ＯＥＣＤ調査）。ちなみに「メタボリック・シンドローム」の、「メタボ」はギリシャ語の「メタボレー（変化）」、「シンドローム」も同じくギリシャ語の「シュンドロメー（組み合わせ）」が語源となっている。今後は、「地中海ダイエット」と「メタボ」の研究が待ち望まれる。

しかしながら、ブリティッシュ・アメリカン・タバコ社による「幸福度調査」（二〇一一年）では、八〇％ものギリシャ人が自分は幸福だと回答している。残念ながら世界一はデンマークに譲ったものの、財政危機に陥って巨大な借金を抱え、国内ではＩＭＦ（国際通貨基金）主導の緊縮策に反対するストライキを断行する中での幸福度であることを差し引けば、実質的には世界一幸福な人々かもしれない。ギリシャ人は楽天的で無責任、借金を抱えていても、たらふく食べてぐっすり昼寝ができる生来の楽天家。そんなギリシャ人気質が生んだスローなライフスタイルこそが、「地中海ダイエット」の神髄であると言えなくもない。

イタリア

正式名称　イタリア共和国
首　　都　ローマ
面　　積　301,000km²(日本の約4/5)
人　　口　6,080万人
主な宗教　キリスト教(カトリック)約8割

マザコンが愛するパスタの国

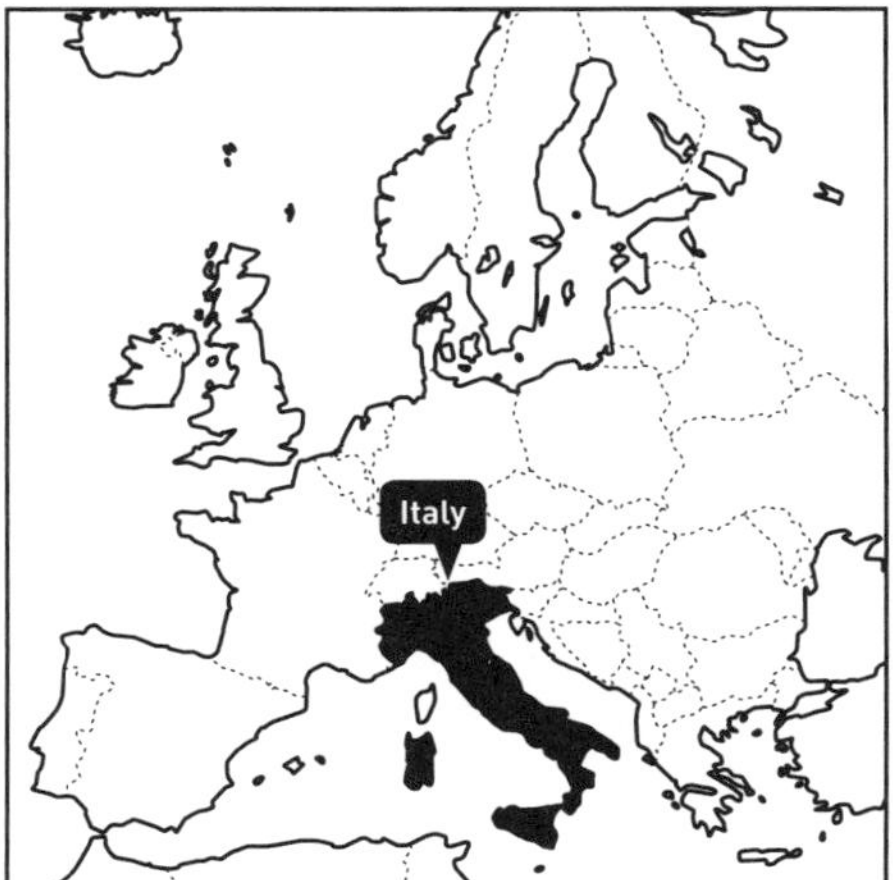

美食の道はローマに通ず

「ローマ人は食べるために吐き、吐くために食べる」

皇帝ネロの幼少期の家庭教師でもあった、詩人で哲人のセネカ（紀元前四?〜紀元後六五年）の言葉だ。古代ローマ人は飽食で一日三食。その一食に二〜三時間をかけたという。満腹になると鳥の羽でのどを刺激し、嘔吐してはまた繰り返し食べたというから食にかけるエネルギーはすさまじい。

美食に命を捧げた大金持ちのアピーキウスは、なんとラクダの踵《かかと》やフラミンゴの舌まで料理したとの記述が残る。事実、古代ローマのポンペイ遺跡からは、フラミンゴやキリンの骨まで発見されている。

阿部《あべ》寛《ひろし》主演で大ヒットした映画『テルマエ・ロマエ』（ヤマザキマリ原作／二〇一二年）でも、古代ローマ人は豪華な公衆浴場で、ゆったりライフを楽しんでいたことがわかる。当時、拡大する帝国の広大な領土からたくさんの物資や食材が運ばれ、皇帝の大盤振る舞いのおかげで市民の生活はかなり潤っていた。だが、それでも貧しい市民にはパンが無料で配給された。人口が膨れ上がった首都ローマは住宅難に陥り、キッチンのない住まいも多かった。そのためお酒も飲める食堂「タベルナ」がにぎわったという。

しかも、今から二五〇〇年前の昔に、魚や牡蠣の養殖まで行われていたというから驚きだ。ローマ

イタリア

マザコンが愛するパスタの国

人は新鮮な生牡蠣の味まで知っていたわけだ。また、わざわざ未開のアフリカの奥地を探検して、大きな食用エスカルゴを探しに行ったというから、食にかける執念たるもの半端ではない。そのほか、ホタテ・マグロ・タイ・ヒラメ・イカ・ウニなど贅沢な海の幸も豊富だった。そのうえウナギは、魚醤やハチミツにコショウなどの香辛料を混ぜ合わせて作ったタレをぬってあぶったという。すでに日本の蒲焼きの原型は、古代ローマに見られる。

また、かのカエサル（シーザー／紀元前一〇〇～紀元前四四年）が地中海を統一して凱旋《がいせん》したときの祝賀行事では、なんと二万二〇〇〇人もの市民が招かれ、飲み放題・食べ放題の宴が開かれた。以降、これにならって皇帝や富裕層も人気取りのために、市民を食事に招待する風潮ができた。

ところで、そんな贅沢三昧の古代ローマ人の血を引く現代イタリア人気質は、陽気でおしゃべり。楽天的で刹那《せつな》的。楽しいこと、美しいものが大好き。アモーレ（愛して）、カンターレ（歌って）、マンジャーレ（食べて）と、気ままに人生を謳歌する。彼らは欲望をコントロールせず、ありのままに振る舞うのが人間らしいと考えているらしい。美味しいものを食べ、美しいものに心ひかれ、心のままに恋をする。五欲、すなわち人間の基本的欲求である食欲・性欲・睡眠欲・財欲・名誉欲が強いのは、良くも悪しくも古代ローマ時代の先祖から延々と受け継がれてきた精神の遺産にほかならない。

アメリカ人ジャーナリストのエリザベス・ギルバートの自伝的小説を映画化した『食べて、祈って、恋をして』は、結婚生活に行き詰まったキャリアウーマンが、憧れのイタリアに自分探しの旅に出るというもの。ナポリでは美食に舌鼓を打ちながら、バイタリティーあふれるイタリア人と楽しくおしゃべりするシーンが印象的だ。自由な国アメリカで暮らす人にとっても、イタリアは自分を解放できる最上の国であるようだ。

ところで世界三大料理の最高位にあるフランス料理だが、実はその基礎がイタリアからもたらされたことは、本書フランスの章でも紹介した。

フランス料理は宮廷料理として発展したことで、いささか敷居が高く堅苦しいところがあるが、イタリア料理には庶民的な気安さがある。社交上手で気取らないイタリア人気質は、古代ローマ時代から営々と受け継がれてきた美徳なのだ。

ローマ帝国の末裔は〝貧乏料理〟がお好き

イタリアが一つの国家に統一されたのは、比較的最近の一八六一年のことだ。それまでは、王や侯爵、教会が支配する地方都市が林立していた。今も各都市は互いにライバル意識むき出しで、祖国への忠誠心に欠けるのはそのためだ。四年に一度のワールドカップやユーロのときだけナショナリストに変身するが、普段は「カンパニリズモ（郷土主義）」の権化で、ヴェネツィア人、ミラノ人、トリノ人、ジェノヴァ人、フィレンツェ人、ローマ人、ナポリ人、シチリア人……と、誰もが郷土の看板を掲げて生きている。

とりわけ南北の違いは顕著で、人間の気質にも大きな違いが見られる。いい加減で怠け者、気性が

イタリア

マザコンが愛するパスタの国

荒く学がない、ずるくて人を騙し、ほら吹きで厚かましい、アラブの血が混じった田舎者。これは、一般に北部の人間が南部の人間に対して抱いているイメージだ。そのうえ、マフィアは南イタリア人気質から生まれたものだと考えている。

かたや、傲慢《ごうまん》でプライドが高く、人情も心の機微もわからない、計算高く冷酷、気取り屋で鼻持ちならない、オーストリアやフランスの血が混じったキザな奴ら。これは、一般に南部の人間が北部の人間に対して抱いているイメージだ。そのうえ北部の人が経営する工場や農地で、南部の人が安くこき使われていると不満に思っている。

だが、実際のところ、南部の人は陽気で家庭的、エネルギッシュで思い悩まない、社交的で人当たりがよく、ユーモアがあって行動的。北部の人は、ひかえめで良識豊か、常識的で穏やか、冷静で思慮深く、真面目で勤勉。良く取れば、そんなふうに見えなくもない。

気質の違いは、食生活や料理の違いに表れる。北部はトウモロコシや米が主食で、フランスやハプスブルク帝国の影響を受けた料理にはバターや生クリームが欠かせない。他方、南部はパスタが主役で、トマトやオリーブ、オリーブオイルを多用する。パスタ料理も、北は生パスタを使ったこってり味、南は乾燥パスタであっさり味といった違いがある。

また、イタリア東部は隣接するオーストリアや旧ユーゴスラビアから、シチリア島は北アフリカから影響を受けている。北部のアルプス山岳地帯はジビエ料理や川マス料理が盛んだし、地中海地域は魚介類を使ったシーフード料理が発達している。とはいえ、注目すべきは北と南の二つの大ざっぱな違いではなく、この国ではそれぞれの都市が自慢の郷土料理を競い合っている点だ。「イタリアには〝イタリア料理〟というものは存在せず、郷土料理しかない」というのもうなずける。

次にイタリアの代表的な地方都市をいくつか挙げながら、その土地が育んだ固有の料理文化と伝統的な郷土料理を紹介することにしよう。

まず、最初は北イタリア東部のヴェネト州。州都は〝アドリア海の女王〟と謳《うた》われるヴェネツィア。やはり魚介類を使った料理がメインで、イカ墨のリゾット&スパゲティ、イカの墨煮、ホタテ貝ヴェネツィア風、タラをクリーミーに練ったバッカラ・マンテカートなどは絶品だ。

ほかには、牛肉のカルパッチョやラディッキオ・トレヴィーゾ（紫キャベツに似たチコリの一種）のグリル・フライ・マリネ、トウモロコシ粉をクリーム状にしたポレンタなどがある。また、イタリアを代表するドルチェ（デザート）のティラミスや、カプチーノもヴェネツィア生まれだ。

次は、北イタリアの中央に位置するロンバルディア州。州都ミラノは商業・工業・金融の街。イタリア随一の豊かさと料理をかけて〝ミラノ黄金料理〟と形容される。黄金料理の筆頭とも言える仔牛の肉を薄く叩いたミラノ風カツレツ（コトレッタ）は、バターとオリーブオイルで揚げると食欲をそそる黄金色に染まる。

また、仔牛の骨付きスネ肉をトロトロになるまで煮込んだオッソブーコは、さっぱり風味のグレモラータ（レモンの皮・パセリ・ニンニクをみじん切りにして混ぜた）ソースで食べる。付け合わせは、ミラノ風リゾット（リゾット・アッラ・ミラネーゼ）。サフランで色づけされたこのリゾットもきれいな黄金色をしている。

三番目は、自動車のフィアット社があるトリノを州都に持つ北部ピエモンテ州。フランスと国境を接することもあり、かつてこの土地を統治していたサヴォイア家は、フランス宮廷料理を取り入れた。それゆえ料理にはたくさんバターが使われ、複雑なレシピのソースが発達した。良質のワインや白トリュフの産地であり、青黴《あおかび》ブルーチーズのゴルゴンゾーラの発祥の地でもある。また、スペイン王フェリペ二世の娘カテリーナがサヴォイア家に嫁いできた際にチョコレートを伝えたことで、トリノはヨーロッパきってのチョコレートの町になった。

他方、郷土料理には変わったものがある。たとえば細かく刻んだ牛の生肉を新鮮なレモンと塩でいただくカルネ・クルーダ・バットゥータは、イタリア版ユッケといった感じだ。それと、牛の内臓・頭・舌・テール（尻尾《しっぽ》）など七種類の部位を煮込み、茹で野菜と一緒に盛りつけるボッリートミストは、サルサヴェルデ（パセリとニンニクのみじん切りをビネガーとオリーブオイルで混ぜる）を添えていただく冬に恋しい料理だ。

四番目は、南イタリア最大の都市、カンパニア州のナポリ。「ナポリを見て死ね」と言われるように、世界遺産にも登録されている風光明媚《めいび》な街だ。ナポリの料理は、新鮮な魚介類とトマトソースを使うのを特徴とする。

一説によると、王妃の名前を冠したピッツァ・マルゲリータは、王妃がトマトソースの赤、モッツァレッラチーズの白、バジリコの緑が「イタリア国旗」のようだと言って喜ばれたことが名前の由来になっている。トマト、モッツァレッラチーズ、バジリコという同じ材料を使ったサラダに、インサラータ・カプレーゼ（カプリ島のサラダ）がある。また、アクアパッツァ（奇妙な水）は、魚介類とオリーブオイル、ニンニク、パセリ（トマトを入れることもある）を煮込んだ人気の伝統料理として知られる。

最後に首都ローマの料理はというと、意外にも優雅な貴族料理といったものでなく、手間暇かけない庶民的な農民料理が多い。まずローマ名物のカチョ・エ・ペペは、茹でたてのパスタを羊乳で作った柔らかなペコリーノチーズとからませ、多めの黒コショウを振りかけただけの素朴なスパゲティ。サルティン・ボッカは、仔牛の薄切り肉に生ハムと香りのあるセージの葉をのせて白ワインをかけて焼いた料理。そして究極の簡単料理は、塩とローズマリーの葉を詰めて焼いた子豚の丸焼きポルケッタ。

このほか、内臓を使った料理が目につく。ローマ風トリッパ（トリッパ・アッラ・ロマーナ）は、牛の第二胃袋（トリッパ）を香草で下茹でしてから短冊状に切り、トマトソースにミントを加えて柔らかく煮込んだ料理。リガトーニ・コン・ラ・パイアータは、羊の小腸を似込んだソースをかけた筒状のショートパスタ。また、コーダ・アッラ・ヴァッチナーラは、牛テールにトマトとセロリを入れて赤ワインでじっくり煮込んだコラーゲンたっぷりの肉料理。どれも〝貧乏人の料理〟と呼ばれるローマの下町料理だ。

なぜなら市内のテスタッチョという地区には、一八〇〇年代後半、屠畜場《とちくじょう》があり、ここで働く貧しい労働者は精肉した後の売り物にならない家畜の頭や内臓や尻尾を日当の一部としてもらい受けていた。今の料理は、そんな料理を引き継いでいる。

現在、ローマの郷土料理となっているのは、贅の限りを尽くした古代ローマ帝国の皇帝料理ではなく、シンプルな農民料理であり、貧しい労働者料理であるのは、なんとも不思議であり皮肉でもある。

昭和の日本が生んだナポリタン

第二次世界大戦のアフリカの砂漠。イタリア軍部隊からの救援要請に応えて、ドイツ軍中隊が戦力を割いて救援に向かった。すると当のイタリア軍は砂漠で、貴重な水を使ってパスタを茹でていた。

同じく第二次大戦中のこと。後方からの必要物資の問い合せに対し、ドイツ軍は「機関銃、迫撃砲、燃料、それと輸送機の隙間いっぱいに弾薬を詰めて送ってくれ」と返答。かたやイタリア軍は「パスタ、チーズ、トマト、バジル、ハム、ワイン……。もし輸送機に隙間があるようなら弾薬を詰めて送ってくれ」と返答してきた。

戦争は強いが、食に無関心なドイツ人。戦争は弱いが、食へのこだわりが強いイタリア人を笑ったジョークはなかなか的を射ている。

さて、それは友人のジュゼッペを東京で案内している際、ちょっと目を離した隙の出来事だった。小腹がすいて一休みしようと立ち寄った喫茶店に戻ると、すでに目の前のテーブルにはスパゲティ・

ナポリタンがあった。彼は口元のケチャップを紙ナプキンで拭《ふ》いてから、おおげさに水をがぶ飲みして、「マンマ・ミーヤ（こりゃあ、お手上げだ）！」とイタリア人お得意のジェスチャーをして見せた。さっきまで日本人の礼儀正しさ、電車の到着時間や停車位置の正確さ、道を歩けばチリ一つない街の清潔さ、レストランでは頼んでもいないのに水かお茶が無料で出てくると驚いたり感心したり、あんなに喜んでいたのに。

イタリア人は食べ物にウルサイ。食い物の恨みは恐ろしい。直観的で感情的なイタリア人は、美醜、美味しい・不味い、好き・嫌いといったシンプルな好みと気分が価値判断のセンサーになっている。イタリア人にとって食事は重要で、どうしても譲れない。ましてやスパゲティは「アルデンテ」でなければならず、ケチャップで和えるなんて言語道断の極みなのだ。

ようやく、一息ついた彼が発した一言は、「これはスパゲティではない！」だった。そう、スパゲティはイタリアのパスタのことだし、ナポリタンとはナポリ風という意味だ。ところが、すでに多くの人がお気づきのように、「スパゲティ・ナポリタン」に限ってはスパゲティという麺を使用した日本の大衆料理でしかない。

都会のファミリーレストランから田舎の喫茶店まで全国津々浦々、どこも同じように玉ネギ・ピーマン・ソーセージ・グリーンピースと、コシのないふにゃっとした茹でスパゲティを油で炒め、市販のトマトケチャップをかけて混ぜる。これにタバスコと粉チーズが添えられて、運ばれてくる。一九七〇～八〇年代に育った日本人は、この料理を何の疑いもなくイタリア料理だと信じていた。

イタリア

マザコンが愛するパスタの国

では、本場ナポリにはスパゲティ・ナポリタンはあるのだろうか。答えは×だ。まず、トマトは一六世紀にコロンブスが中南米からヨーロッパ大陸へもたらしたもので、スペイン経由でナポリ王国に渡った。パスタのトマトソースについては、ナポリ王国に仕えたイタリア人執事のアントニオ・ラティーニが、著書『ロ・スカルコ・アラ・モデルナ』（現代の給仕）の中で、スペイン風トマトソースとして記している。皮をむいて刻んだトマト、玉ネギ、コショウ、イブキジャコウソウ、ピーマンを混ぜたものとレシピに紹介されている。

一方、日本のパスタの歴史を紐解《ひも》くと、一九二七年に外国人専用ホテルとして創業し、マッカーサーも宿泊したという横浜のホテルニューグランドに行きつく。ここの第二代総料理長だった入江茂忠《いりえしげただ》氏がスパゲティ・ナポリタンの生みの親で、アメリカ兵がスパゲティに塩とコショウを振りかけ、さらにトマトケチャップをかけて食べているのを見て、ひらめいたのだという。トマトピューレではなくトマトケチャップをからませたスパゲティ・ナポリタンは、高度成長期の日本人が愛した〝昭和の日本の味〟なのだ。

そもそも日本にパスタが伝わったのは、鹿鳴館《ろくめいかん》時代が幕開ける明治一六年（一八八三年）、フランス人宣教師マリク・マリ・ドロ神父が長崎にマカロニ工場を造ったのが始まりとされる。その後、昭和二九年（一九五四年）にパスタの製粉機が日本に導入され、昭和三〇年代以降にスパゲティは日本全国に普及した。

一方、本場イタリアにパスタが誕生したのは、一一～一三世紀のこと。小麦粉に水を混ぜてこね、

イタリア

マザコンが愛するパスタの国

それを平らにして細く切る。当初は上流階級の食材だったが、一六世紀後半からナポリのパスタ業者が大量生産を始め、中・南部イタリアに大衆食として広まった。ナポリを中心とする南部では、物干し竿のような棒に生スパゲティをかけて天日干しにすることで、保存食としても重宝された。これに対し、北部では主に手打ちの生麺が主流となった。

イタリア全土を眺めると、パスタには本当にさまざまな種類がある。日本にも見かけは同じようでも、きしめん、うどん、冷や麦、そうめんがあるように、スパゲティも一括りにできない。太さによって、スパゲットーニ（二ミリ強）、スパゲッティーニ（約一・六ミリ）、フェデリーニ（一・五ミリ弱）、カペッリーニ（一・二ミリ未満）と別の名前がついている。

ほかには、平らで幅のあるタッリアテーレ、幅が広くオーヴンで焼くラザーニア。マカロニは形によって、ファルファッレ（蝶）、コンキッリエ（貝殻）、ペンネ（ペン）、フリッジ（ねじ巻きのような螺旋状のもの）、ルオーテ（車輪の輪）などなど。これにホウレンソウやニンジンで色づけした緑や赤のパスタなど、乾麺・生麺合わせてパスタの数は数百種類にも及ぶ。

また、ボロネーゼ、カルボナーラ、ミラネーゼ、ヴォンゴレ、ペスカトーレ、アラビアータ、ネーロ（イカスミ）、ペペロンチーノといったスパゲティ料理はよく知られるところだが、本場イタリアではパスタ料理の種類も数え切れないほどある。ここではあまり日本に知られていない、〝通〟のパスタ料理をいくつか紹介したい。

最初は、ジェノヴァがあるイタリア北西部のリグーリア地方のトロフィエ・アル・ペスト。トロフィエは、四センチほどのウェーブがかった両端がとがったパスタだ。これを鮮やかな緑色のバジルペースト（バジルの葉・松の実・ニンニク・オリーブオイルで作る）で和える。爽やかな香りのバジルとパルメザンチーズは、実に相性がいい。

二番目は、中部イタリアのフィレンツェを州都とするトスカーナ地方に伝わるピッチ・コン・レ・ブリチョーレ。讃岐《さぬき》うどんのようにシコシコとこしがあって丸みのあるピッチに、アンチョビを入れてガーリックオイルでからめる。アクセントに散らしたパンのかけらが、サクサクした食感を生む。これだけでのシンプルなものもあるし、秋は旬のキノコやイノシシ・ウサギ・カモといったジビエ肉が入ったりする。

三番目は、イタリア南東端、ブーツの踵に位置するプーリア地方の定番のオレキエッテ・アッレ・チーメ・ディ・ラーパという長い名前のパスタ料理。オレキエッテは、「小さな耳たぶ」という意味のパスタ。チーメ・ディ・ラーパは「カブの先っぽ」を表し、菜の花に似た野菜だ。

チリを効かせたガーリック風味と、アンチョビの自然な塩辛さがマッチしたあっさり風味で、チーメ・ディ・ラーパの代わりに、ブロッコリーを使ったものもある。

四番目は、ブーツのつま先の前方に位置するシチリア島を代表するパスタ・アッラ・ノルマ。温暖な島では、年間を通して新鮮なナスが手に入る。ナスの形はさまざまで、日本のものに比べてずっと大きい。素揚げしたナスに、みじん切りのニンニクと刻みトマトをからませ、仕上げに豆腐のようなリコッタチーズを大胆にちぎってのせる。この料理に使うパスタは、マカロニでもスパゲティでもいい。それとシチリアに行ったら、ぜひ試したいのが、ウニのスパゲティ。濃厚なウニとガーリック風味が食欲をそそる、日本人好みの冷たいパスタ料理だ。

そして、最後はブーツの脛部の前方に浮かぶサルディーニャ島に古くから伝わるフレゴラ・サルダ。フレゴラとは魚卵を意味し、北アフリカのクスクスに似たセモリナ粉から作った丸い粒々のパスタで、ガーリック・白ワイン・アサリを炒めた煮汁スープに、粗ごしトマトを加えて煮込んだフレゴラは、リゾット風パスタといったふうだ。パスタには、白チーズや焼いた白身魚をのせたものもある。

イタリアにはそれぞれの地方に、それぞれの町に、それぞれの家庭にこだわりのパスタ料理がある。

毎年、一月一七日の国際イタリア料理デーでは、全世界に散らばる約二二〇〇人のイタリア料理のシェフなどからなる「itchefs-GVCI」という団体が、イタリア料理をテーマに話し合う。まがいもののイタリア料理がまかり通る昨今、ユネスコの無形文化遺産にもなったイタリア料理が伝統の味を損なわないようにするのが狙いで、二〇一四年のテーマはパスタ・アル・ポモドーロ（スパゲティ・トマトソース）だった。この年はニューヨークが会場となり、イタリアはじめ世界各都市を同時中継でつないで、実際に料理しながら協議を進めた。

そのとき決定された正統なレシピは、左記の五項目からなる。

①パスタは八〇グラムを基本とする。

②茹で方については「1対1対1」のパスタの黄金律に従い、一〇〇グラムのパスタにお湯は一リッ

トル、塩は一〇グラムとする。パスタが乾かないように、水を切りすぎないようにする。茹で時間のうち最後の二分間は、トマトソースの中で仕上げる。

③トマトについては、夏は新鮮な生のトマト、冬はトマトの水煮を湯むきした瓶詰を使う。時に質の良い水煮は、生のトマトを上回る。また、ソースに適したトマトはサンマルツァーノ種、シチリアのチリエジーノ種（チェリートマト）、同じくシチリアのシッカーニョ・ディ・カルタニセッタ、ヴェスーヴィオのピエンノーロ種が好ましい。

④オリーブオイルについては、トマトは酸味が強いのでボディのしっかりしたオイルを選ぶ。プーリアの「コラティーナ」や「オリアローラ」、シチリアの「ノッチェラーラ」、トスカーナの「ジェンティーレ・ディ・キエーティ」。デリケートなオイルよりも、強い個性を持つオイルを使うのがポイントだ。

⑤もしパルメザンチーズを使う場合は、トマトソースの上からかけるのではなく、パスタにあらかじめ和えてからトマトソースとからめる。

さて、再び話は振り出しに戻るが、日本発祥のスパゲティの洗礼を受けたジョゼッペだが、日本のイタリアンの名誉挽回のため、別の店でイタリア生まれのティラミスを試してみたところ、これにはいたくご満悦。しかし、注文したコーヒーは日本人好みのブレンドで、限りなくアメリカンなもの。「これはティー（紅茶）か⁉」と真顔で抗議の声を上げる。そんなにムキにならなくても……と思うのだが、イタリア人は食に対しては純粋で真摯《しんし》だ。

イタリア人は、普段は自由気まま、しばられることを嫌い、約束事も守れない性分に見える。待ち合わせ時間にも一〇分遅れは当たり前、三〇分遅刻は日常茶飯事だ。それなのに、パスタの選び方は慎重で、茹でるに当たっては一分はおろか「三〇秒差が命取り」と真剣そのものだ。パスタに取り組むその横顔は、実験に挑む科学者か作品に打ち込む芸術家のようだ。ミケランジェロやレオナルド・ダ・ヴィンチなど、天才を生んだイタリアという国の片鱗を見る思いがする。イタリア人は普段はいい加減でも、ここぞというときに集中力と瞬発力を発揮する。また、食に関しては、まるでドイツ人のように頭が固く、融通が利かないという一面もある。

スローフードと「マンマ・ミーヤ！」

イタリア・ルネサンスの三大巨匠の一人、ラファエロの故郷ウルビーノから、車で約一時間南下し、ブーツのふくらはぎあたりに位置するイエジ市を訪ねた。人口四万人ほどのこの小さな町に、スローフード協会が料理人を育成するために設立したガストロノミー研究所がある。

一方、スローフード発祥の地は、冬季オリンピックが開催された北イタリアのトリノ市近郊のブラという街だ。ここでは食文化を扱った雑誌『ゴーラ』の編集者だったカルロ・ペトリーニ氏が、イタリア余暇文化協会「アルチ」の中に「アルチ・ゴーラ」という美食の会をつくっていた。

一九八六年のある日、イタリアにもいよいよマクドナルドが上陸するというニュースで会議は持ち切りになった。そのとき一人の会員が〝スローフード〟という言葉を口にしたことで、ファストフードに対抗してスローフード協会を設立しようということになった。

パリで開催した国際スローフード協会設立大会では、ペトリーニ会長は米大統領ばりの歴史に残る熱い演説を行った。「我々みんなが、スピードに束縛され、そして我々の習慣を狂わせ、家庭のプライバシーまで侵害し、ファストフードを食することを強いるファストライフという共通のウイルスに感染しているのです。今こそ、ホモ・サピエンスはこの滅亡の危機に向けて突き進もうとするスピードから自らを開放しなければなりません」と。

都会に住む忙しい現代人は、ファストフード、冷凍食品、出来合いのお惣菜《そうざい》などにあふれた生活を送っている。そんな食生活はアレルギーや生活習慣病、ひいては精神的疾患などの引き金となり、添加物や防腐剤にまみれた食材のせいで味覚障害の子どもたちが増えるという問題が起こった。スローフード運動は伝統的な食を保存し伝承するだけでなく、現代に蔓延するファストフード的な暮らしに一石を投じるのが目的だ。つまり食を見つめ直し、人間らしい生活を取り戻そうという〝食のルネサンス〟なのだ。

そこから協会では、左記のスローフードの三原則を規定した。

1. 消えつつある郷土料理や質の高い食品やワイン（種類）を守る。

豊かな自然に囲まれた国土は、海の幸・山の幸をふんだんに使った固有の郷土料理があり、地酒ワインがある。たとえばガストロノミー研究所のあるイエジ市があるマルケ州では、トマト味の魚介類のブロードット、オリーブの実に肉類を詰めて揚げたオリーヴェ・アッラスコラーナ、イカにチーズや卵を詰めて煮たカラマレッティ・リピエーノなどが自慢の郷土料理だ。

2. 質の高い素材を提供してくれる小生産者を守る。

協会では絶滅の危機にある食物を保存・復興させる運動も行っている。というのは、たった三〇種類の植物が、地球上の全人類の九五％の食料（野菜や穀物類）をまかなっているという恐るべき現実があるからだ。そのため協会では「味の箱舟宣言」を提唱し、古代ローマ時代から食されてきたものの、二〇世紀末から二一世紀にかけて製造・販売しなくなった豆や穀物、乾燥果実など七五〇種類以上の食材を復活させた。

3. 子どもたちを含めた消費者全体に、味の教育を推し進めてゆく。

その昔、子どもたちはお祖母さんの手作り料理やお菓子を食べて田舎で育ったことで、自然に味の教育を受けたという。確かに、都会では昔のような三世代同居型の家族はあまり見られなくなった。それでもイタリアでは、日本ではほぼ消滅しつつある家族の強い絆が今も脈々と生きている。とりわけその関係は、しっかり者の母親と母親思いの息子に顕著だ。

イギリス人は困ったり驚いたりすると、「オー・マイ・ゴッド！」（おお、神よ）という言葉が口を突いて出てくるが、イタリア人は「マンマ・ミーヤ！」（ああ、おっかさん）と叫ぶ。それはカトリック教会がイエス・キリストではなく、聖母マリアを崇拝しているからだとも言われるし、その昔教会が離婚を許さなかったため、夫に愛想をつかした妻は必然、息子を溺愛《できあい》する方向へ走ったとも言われている。

そんなこともあってイタリア人の母親は強く明るく世話焼きで、まさに食事は上げ膳据え膳。掃除・洗濯・アイロンがけと甲斐がいしく息子の面倒をみる。母親に甘やかされ放題に育った息子は、ほぼマザコンと思っていい。それに対して母親は娘には厳しいので、娘はしっかり者に育つ。だが娘は娘で、やがて所帯を持つと母親と同じように息子を溺愛する。こうしてこの国では、母と息子の絆は持続可能な関係として代々引き継がれてゆく。そうであれば、少なくとも、おふくろの味が忘れられる心配はないと断言してもいい。なにせ息子が、奥さんの前でも「マンマのパスタが一番美味しい！」と言ってはばからないのだから。

スペイン

正式名称　スペイン王国
首　　都　マドリード
面　　積　506,000km^2（日本の1.3倍）
人　　口　4,645万人
主な宗教　キリスト教（カトリック）75%

「ヨーロッパの関西人」は、なぜ1日に5食も食べるのか？

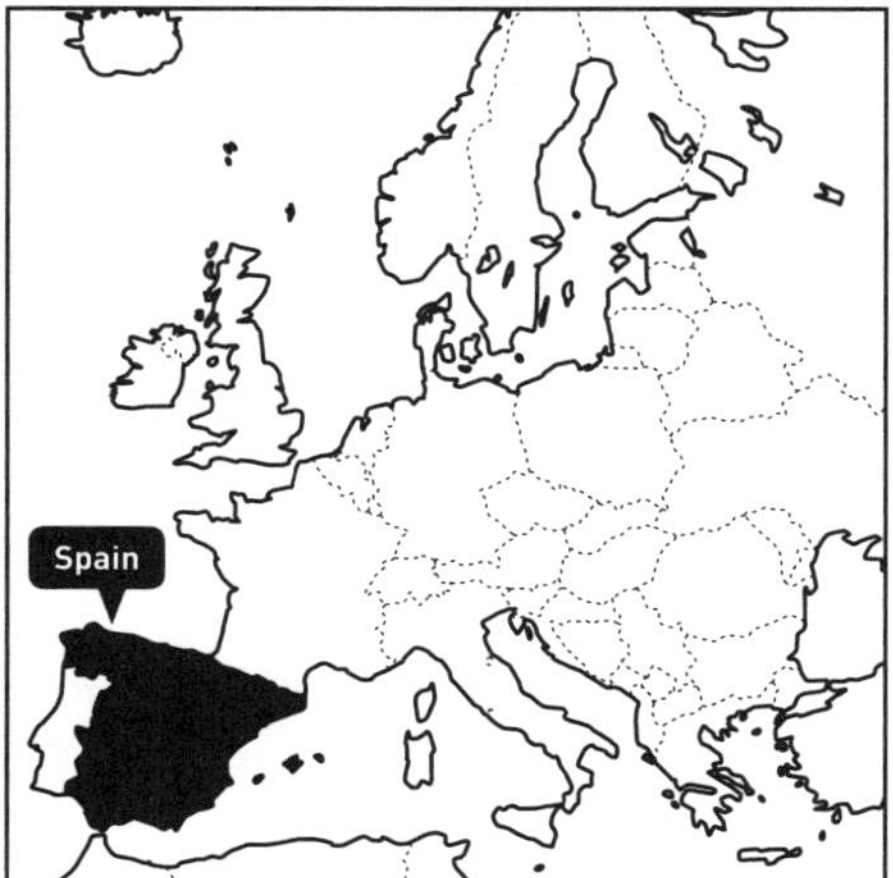

大航海時代が食の世界に果たした役割

「ピレネー山脈の向こうはアフリカだ」。実際にはピレネー山脈の向こうはスペインなのだが、ナポレオンが放ったこの言葉に、当時のヨーロッパ人は「さもありなん」と納得した。

なぜならイベリア半島の付け根にある三〇〇〇メートル級のアルプスは、フランスとスペインにまたがる国境《くにざかい》としてそびえ、ジブラルタル海峡を挟んでアフリカ大陸までたった一四キロ。しかも、この国は八世紀から約八〇〇年にわたってイスラム勢力に乗っ取られてしまった歴史がある。

といっても当のスペインの住人たちは、郷土愛が強い独立独歩の気風なので、〝スペイン人〟はおろか、まして〝ヨーロッパ人〟を名乗る気などさらさらない。首都を擁するマドリード州をはじめ、アルハンブラ宮殿がそびえるアンダルシア州、火祭りやオレンジの産地として名高いバレンシア州、紀元前一万八〇〇〇年のアルタミラ洞窟壁画が発見されたカンタブリア州、世界最高峰のサッカークラブ・バルサの本拠地があるカタルーニャ州、『ドン・キホーテ』（セルバンテス著）の故郷のカスティーリャ＝ラ・マンチャ州など、夏は灼熱の太陽に焼かれ、冬は白銀のアルプスに凍り、大西洋に張り出したスペインの個性豊かな地方都市に暮らす人々は、それぞれ自己主張しながら勝手気ままな生活を楽しんでいる。

個性の強さは、当然、料理にも表れる。カンタブリア海を臨む北西端のガリシア州は新鮮な魚介類料理、イベリコ豚の産地のカスティーリャでは子豚・仔牛などの肉料理、カタルーニャはパエリアとフランスの影響を受けた洗練された料理など、地方ごとに自慢の伝統料理がある。

そんなスペインだが、一五世紀の大航海時代には国を挙げて重要な役割を果たした。コロンブスが新大陸から持ち帰った食品群は、婚姻政策も手伝ってスペインからヨーロッパ全土へと伝わり、今では各国の名産となっている。大英帝国の紅茶、ドイツのジャガイモ、イタリアのトマトソース、ベルギー・フランス・スイスのチョコレート、ハンガリーのパプリカ（&パプリカパウダー）などなど。どれもスペインなしでは、各国の食文化と習慣は成り立たなかった。

一四七九年、カスティーリャ王国の女王イサベル一世がアラゴン王国の王フェルナンド二世と結婚したことで〝カトリック両王〟と呼ばれ、イベリア半島の北部サバーラ王国と南部グラナダ王国を除く一大国家が成立。これが統一スペインのはじまりだ。その後一五一六年、ハプスブルク家のカルロス一世は、カスティーリャ王国とアラゴン王国の王位を継承し、ポルトガル王も兼任して、アメリカ大陸、アフリカ、インド、マレー半島、フィリピンに領土を持つ「太陽の沈まぬ国」として全盛期を迎える。

おかげでパエリアや、伝統の子豚の丸焼き、オリーブオイルたっぷりのトルティッラ（スパニッシュ・オムレツ）など、自慢のスペイン料理は世界へと広がった。

日本初のヨーロッパ菓子〝かすていら〟

大航海時代、スペインは新大陸からヨーロッパへ食の橋渡しをしたが、実は日本もその恩恵をこうむっている。

昭和三〇年代と四〇年代に、「カステラ一番、電話は二番、三時のおやつは文明堂」と子グマのカンカンダンスのCMが流れた懐かしいカステラは、もともとスペインから伝えられたものだった。それ以前の時代は、餅《もち》やだんご、饅頭《まんじゅう》など、米粉・でんぷん・葛《くず》を原料とし、小豆から作ったあんこ、それに果物を原料とした菓子が日本の伝統的なスイーツだった。

室町時代末期、南蛮船がやってきて、カボチャ・トウモロコシ・ジャガイモ・スイカなどがもたらされた。また、江戸時代の文献『原城紀事《はらじょうきじ》』の中に、『邪蘇天誅記《やそてんちゅうき》』からの引用として、弘治三年（一五五七年）ポルトガル船で来航したバテレンが「かすていら」を人々に与えたとある（カステラ本家　福砂屋オフィシャルサイト）。ということは、スペイン（当時はナバラ国）出身のイエズス会宣教師フランシスコ・ザビエルも、一五四九年に日本に上陸した後はカステラを広めるのに一役買っていたかもしれない。

カステラの語源は当時スペインを統治していたカスティーリャ王国に由来し、スペイン語で「二度焼く（ビス・コクトス）」から来たビスコチョというお菓子がルーツだと言われている。一五八七年ころ、長崎の南蛮菓子商人だった村山等安《むらやまとうあん》から豊臣秀吉に献上され、関白殿下は大いに喜ばれ、彼を長崎代官に取り立てたとされる。

スペインのビスコチョは、卵白をふんだんに使ったケーキで、メレンゲが美味しさの決め手。一四世紀のスペインの文献『アルファンソ一一世紀の年代記』には、「船に積まれた食料の乾パン」とあり、オリジナルは砂糖の入らない保存食だった。一方、これがカステラのルーツだとも言われているポルトガルのパオン・デ・ローは、ビスコチョとは逆に卵黄を使った黄金色のスポンジケーキだ。

スペイン・ハプスブルク朝のフェリペ三世（スペイン、ナポリ、シチリア、ポルトガル王／在位：一五九八～一六二一年）の時代、宮廷料理人マルティネス・モンティチョーリが『料理、デザート、ビスチョコの作り方』（一六一一年刊）という料理本を出版し、ここに八種のビスコチョの作り方を紹介している。

日本ではさらに研究を重ね、このイベリア半島伝来のお菓子にたっぷりの卵と飴《あめ》を使って、モチモチした食感のスポンジケーキに改良し、最終的に〝カステラ〟へと完成させた。

太陽の海岸アンダルシアの味

コスタ・デル・ソル（太陽の海岸）が広がるアンダルシア州は、かつてイスラム教ウマイヤ朝・後ウマイヤ朝の首都だったコルドバ、アルハンブラ宮殿が建つグラナダがある魅力に満ちた土地だ。

この地方で忘れてならないのは、スペイン三大祭りのセビリアの花祭り。子どもからお年寄りまで、街中の人々が祭りの期間中はおめかしして、野外の即席タベルナに集まり、食べて、飲んで、おしゃべりして、足を踏み鳴らして踊り明かす。女性たちは、色とりどりのフラメンコ・ドレスに身を包み、髪をきれいに結い上げ、派手めのアクセサリーをつけ、ばっちりメイクして練り歩く。祭りでは春の訪れを合図に、冬の間じっと耐えていたエネルギーが爆発する。

セビリアからコルドバにかけては、盛夏は気温五〇℃にもなる乾燥した灼熱の地で、「アンダルシアのフライパン」との異名を持つ。白壁の家並み、サンサンと降り注ぐ真っ赤な太陽、エメラルドグリーンの海辺は、ヨーロッパ人の憧れの地でもある。

元来、気候のいい場所で暮らす人々は楽天家が多い。一般にスペイン人は時間の観念に欠け、あまり仕事熱心ではないと言われるが、スペイン国内ではアンダルシア人は時間にルーズで怠け者が多いともっぱらの評判だ。しかもカラッとした天気の通り、陽気で騒々しく、喧嘩《けんか》っ早い。享楽主義的で、明日のことは考えられない。だが、どういうわけか信仰心には篤《あつ》い。

さて、アンダルシアの料理は、もともとのキリスト教と、中世はたくさんユダヤ人が住んでいたことからユダヤ教、その後のイスラム教、とりわけアフリカ大陸北部のモロッコの影響が色濃く残るエスニックテイストを特徴とする。そのため円錐形《えんすいけい》の蓋《ふた》がついたモロッコ風のミントティー、とんがり帽子のようなモロッコ風の土鍋（タージン）を使った肉や魚の煮込み料理、羊の串焼き（ピンチョ・モルーノ／シシカバブのこと）、これらが郷土料理を代表する。このほかには、海産物を揚げたペスカイート・フリートや、羊の睾丸《こうがん》と脳を使ったジプシー料理サクロモンテ風トルティージャなどがある。

アラビア語の「大いなる川床」という言葉に由来するグアダルキビール川の流域には肥沃な農地が広がり、この一帯は野菜や果樹の産地になっている。

ここで、そんな豊富な野菜を使った、酷暑に食欲をそそる冷製スープのガスパッチョを紹介したい。

【冷製スープの「ガスパッチョ」の作り方】

■材料二人分：トマト二個、キュウリ一／二本、玉ネギ一／一二個、ピーマン一個、赤パプリカ一／四、ニンニク一片、バケット一切れ、水五〇㎖、オリーブオイル大さじ一、塩・コショー・クミン少々、ビネガー大さじ一（＊パプリカパウダーがあれば小さじ一／二）

■作り方：①野菜をザク切りにし、バケットを小さくちぎり、一緒にジューサー・ミキサーに二〇秒ほどかけていったん止める。②これに水、オリーブオイル、ビネガー、塩・コショー・クミン、（あれば、パプリカパウダー）を入れてさらに二〇秒。ミキサーにかけるときに氷を二粒ほど入れるか、冷蔵庫で冷やすとさらに味わいが深くなる。③野菜は、ジューサーに入れるだけでなく、刻んで皿に盛り、お好みで加えると色どりも鮮やかなスープとなる。

野菜とパンがミックスしているので、食欲のない日はこれだけで食事の要素が摂れる。ビネガーとオリーブ、つまり酢と油はドレッシングの役目をし、野菜の味を引き立てて疲労回復と夏バテ防止の一品となる。

日本人の感覚では、新鮮な旬の野菜を使ったジュースといった感じのアンダルシア地方の夏の風物詩だ。

しかし、スペインでガスパッチョが重宝がられるのは、別の理由がある。仲間意識が強く、集団行動をとるのが大好きなスペイン人は、レストランで食事をする際も大勢でわいわいやりたがる。しかし、時間にルーズな人々は三々五々とやって来るので、全員がテーブルに着くのはそう簡単なことではない。さんざん待たされた挙句、料理まで待たされたのではやり切れない。そこでスープは、すぐに出せるガスパッチョが尊ばれる。とりわけ国民料理のパエリアなどは、素材だけそろえておけば、あとは火にかけて二〇分間待つだけでいい。概して、スペイン料理に簡単料理が多いのは、スペイン人気質と無関係ではない。

国民性が生んだチュロスとタパス

首都マドリッドのカフェでは、朝食にチュロス（単数形はチュロだが、複数形のチュロス）と呼ばれる細長い揚げパンをよく見かける。フランスのカフェオレとクロワッサンに当たるのが、スペインではチョコラテ（ホットチョコレート）とこのチュロス。

スペイン

「ヨーロッパの関西人」は、なぜ1日に5食も食べるのか？

チュロス専門店の店先では、朝から油の匂いが漂っている。小麦粉にベーキングパウダー、コーンスターチ、塩、レモン汁を混ぜ、専用の小型消火器のような搾り器に入れられる。大きな鍋にはぐらぐらと五右衛門風呂のように油が煮えたぎり、その中に星型をした先端からチュロスの素がジェット噴射される。長い棒で手際よくクルクルとホースのように巻いて、油の中で裏返して黄金色になったら出来上がり。

家庭では粉砂糖、シナモン、ハチミツなどをかけていただく。他方、カフェではチュロスをチョコラテにつけて食べるのが定番だ。マドリードには二四時間オープンのカフェがあり、チョコラテのカップの上にチュロスが五〜六本並ぶ皿が重ねられてサーブされる。揚げたてのサクサクの歯触りで、甘さ控えめのチュロスには、濃い目のチョコラテがよく合う。朝食に、おやつに、夜食に、いつでも手軽に食べられるスペインの味だ。

スペイン人が、油たっぷり、カカオたっぷりの高カロリーの朝食を好むのは、宵っ張りな生活をしているためか、朝からエンジン全開にするにはチュロスが必要不可欠なのだ。チョコレートは気力・精力剤にもなるので、〝伝説のプレイボーイ〟ドン・ファン（ドン・ジョヴァンニ）を生んだ恋多き情熱的なスペイン人にはぴったりの食なのだろう。実際、チョコレートの原料となるカカオ豆にはカルシウム、鉄分、マグネシウム、亜鉛が含まれ、バランスのとれた栄養食であるには違いない。しかもダークチョコレートに含有するフラボノールは紫外線をカットし、日焼けによるやけどを防ぐ効果がある。だとすればチョコレートは強い太陽光線から身を守り、人生を快適に過ごすための生活の知恵と言えなくもない。スペイン人のエネルギッシュでくよくよしない性格は、そんな食生活からきているのかもしれない。

これとは別に、スペインのバル（バー）やカフェで試してほしいのがタパスだ。パンの上にたくさんの具を山高くのせて、串でまっすぐ突き刺したオープンサンド型や、小さい皿に山羊肉のフライ・タコ・サーモン・アンチョビの酢漬け・チーズ・豆などをのせたものまで、その店独自のタパスの種類は星の数ほどもある。もともとはお酒を進ませるための日本の「お通し」のようなサービス品で、タパスがのったお皿をグラスの上に置くことでハエや埃《ほこり》が入るのを防ぐ役目もしていた。その頃の名残で一皿目だけは無料のバーもあるが、今ではすっかり進化して、タパスを何皿も取って食事として成り立つようにした。好きなものをカウンターから取って、お会計のときにボーイさんが皿の数を数える、回転寿司のカウントの要領だ。

ところで普通のスペイン人は、一日五回も食事をする。朝七～八時に朝食をとり、お昼前の一一時頃に職場のそばのバルで軽くタパスをつまんで、午後一～三時くらいに本格的な昼食をとる。午後二～五時に市内の商店はクローズされ、この間自宅に戻って二時間もかけてゆっくり昼食をとり、それから昼寝に入る（とはいえ、最近ではこのシエスタの習慣は薄れつつある）。そして再び職場に戻り、夕方バルでタパスをつまんで、夜の九時もしくは一〇時過ぎに遅めの夕食をとる。もちろん、何皿もタパスを食べて夕食代わりにしてもいい。

ＴＰＯに合わせて、タパスはおやつにもなればファストフードにもなり、また夕食にもなる。もち

スペイン

「ヨーロッパの関西人」は、なぜ1日に5食も食べるのか？

ろんお酒のおつまみにもなる。しかも、たくさんある品数の中から自由に選べる。自分勝手で、他人に合わせるのが苦手、面白いことが大好きで、しかも計画性がなく、出たとこ勝負のスペイン人気質が生み出しのが、このタパスだ。タパスは料理という枠を超えて、スペイン人の国民気質が育てた食文化とも言える。

巡礼の旅のご褒美にスイーツを

サンティアゴ・デ・コンポステーラ大聖堂は、ローマ（バチカン市国サン・ピエトロ大聖堂／聖ペテロを称える聖地）とエルサレム（イエス・キリストの受難の地）と並んで、カトリックの世界三大巡礼地に数えられる。

フランスを起点とする四つのサンティアゴ・デ・コンポステーラへの巡礼路はピレネー山脈を越えると、田園風景の中を延々と巡礼路が続く。篤い信仰心ゆえ、ただ黙々とこの道を歩むバックパッカーたちの気持ちは、たぶん四国のお遍路さんのようなものかと想像する。四国八八カ所を巡るお遍路さんは白衣を着て、菅笠をかぶり、金剛杖を手にし、首には略式の袈裟《けさ》、肩には山野袋（頭陀袋《ずだぶくろ》）をかけ、鈴と念珠を手に下げて歩く。同様に、スペインの巡礼者のいでたちは、太陽をさえぎるつばの広い帽子にマント、水筒用のひょうたんを吊るした杖、肩にかけた頭陀袋。そして首に吊るしたホタテ貝は、これさえあれば道中の教会に宿泊可能な無料宿泊パスポートなのだ。

もちろん街には空港があるので、世界中からひとっ飛びで大聖堂参りはできる。だが、自然の中で体力の限界に挑み、自問自答しながら神を渇仰し、信仰が深まってゆくことから、徒歩の巡礼旅は二一世紀の現代もなお根強い人気がある。

なぜヨーロッパの端のスペインにそのように大切な聖地があるのかについては、こんな伝説が残っている。ガラリア湖の漁師だったヤコブは、弟ヨハネとともにイエス・キリストの弟子となり、ヒスパニア（現スペイン）へと布教活動に赴いた。「最後の晩餐」に描かれた一二使徒の一人となるが、エルサレムに帰国後、ユダヤのヘロデ王に斬首《ざんしゅ》されて殉教した。スペインに埋葬するため、ヤコブの遺体を船に乗せて運んだところ、船底にはたくさんのホタテ貝が付着していた。以降、ホタテ貝が聖ヤコブのシンボルとなった。それから歳月が流れ、九世紀に羊飼い（諸説あり）が星に導かれて、聖ヤコブの墓を発見した。その場所に聖堂が建てられ、のちにサンティアゴ・デ・コンポステーラ大聖堂が建立された。サンティアゴとは、スペイン語で聖ヤコブのこと。古くから聖遺物には奇跡を起こす力があると信じられており、国内はもちろん世界中から巡礼者が後を絶たない。

サンティアゴ・デ・コンポステーラはガルシア州の州都であり、宗教都市であり、大学都市、観光都市でもある。せっかくこの街を訪れたのなら、カトリック信者でなくても試してほしいスイーツがある。ずばりタルタ・デ・サンティアゴ（聖ヤコブ・トルテ）という名前のケーキで、サンティアゴ・デ・コンポステーラ大聖堂の十字架が、白いパウダーシュガーの表面に型抜きされて描かれている。ここの修道女が考案したもので、アーモンド・パウダーたっぷりで、中はふわふわ、外はサクッとしたケーキだ。

義理と人情に篤く、情熱的なスペイン人は信仰心も篤い。たとえば、プロテスタントのドイツ人は自分を律し、とかく厳格なイメージがあるが、カトリックを信仰するスペイン人はおおらかで感情をあからさまに表現し、明るくほがらかだ。他人には少し厳しいが、自分に対しては非常に寛大で、大抵のことは気にしない。時間にルーズなイタリア人もあきれられるくらい、スペイン人は時間に対しても寛大だ。

「なぜスペイン人はおおらか、悪く言うとイージーなのか」と当のスペイン人に尋ねてみた。すると「神は、すべてを許したもう」という答えが返ってきた。カトリックでは告解して懺悔《ざんげ》すれば、盗みも、不倫も、嘘も、自堕落も、約束を破っても……、すべて許してもらえることになっている。

最後は神様が許してくれるので、思いきりはめをはずして自由を謳歌《おうか》できるのかもしれない。世界中の信心深い人々は、タルタ・デ・サンティアゴのケーキを頬張ると心の中に聖地が思い浮かび、巡礼したような幸福な気分に浸れるのだという。

ノルウェー

正式名称　ノルウェー王国
首　　都　オスロ
面　　積　386,000km²（日本とほぼ同じ）
人　　口　521万人
主な宗教　キリスト教（ノルウェー国教会78%、カトリック5.4%）

世界で2番目にビックマックが高い人権先進国の名物料理

人権先進国の伝統料理

夏は白夜、冬はオーロラ。南北に一八〇〇キロ伸びる海岸線は複雑に入り組むフィヨルドが幻想的な絶景を生み出し、陸地の中央を陣取るスカンジナビア山脈には野生のトナカイの群が闊歩《かっぽ》する。そんな大自然の中で生きる人々は、二一世紀の現代も妖精〝トロール〟が住んでいると信じているロマンチストだ。ある意味、迷信深くもあるのは、八世紀から三〇〇年近く略奪や交易を行った勇猛なバイキングの末裔《まつえい》であることと無関係ではなさそうだ。

ノルウェーの一人当たりのＧＤＰ（国内総生産／二〇一五年）は世界四位（七万四八八二ドル）で、かたや日本は二六位（三万二四八六ドル）。ノルウェー人は日本人の二倍以上の付加価値を生み出していることになる。しかしノルウェーが豊かな国になったのは、まだここ半世紀ほどのことだ。冬の寒さが厳しいうえ、平野の乏しい国土は農業に適さず、産業といっても零細な漁業くらいのものだった。ところが、一九六九年に北海油田が発見されたことで国の運命は大きく開け、世界第二位の天然ガス、世界第七位の石油輸出国となった。長い間貧乏していた人が、ある日宝くじが当たって一夜にしてお金持ちになった感じだろうか。とはいえノルウェー人は驕《おご》ることなく、どこまでも謙虚で、宝くじの当選金はすべて老後のために貯蓄し、毎月のお給金でこれまで通り堅実に生活している。

すなわち政府は、化石エネルギーからの収益はすべて「政府年金基金―グローバル」に積み立てて、

ノルウェー

世界で2番目にビックマックが高い人権先進国の名物料理

外国に投資している。そんな年金資産の残高は約一一一兆五二〇〇億円（二〇一五年）にも上り、これはノルウェー人一人当たり約二一八七万円の積立金に相当する。これに対して日本の国債や借入金、政府短期証券を合わせた「国の借金」の残高は一〇五三兆三五七二億円（二〇一五年）で、日本人一人当たりが約八三〇万円の借金をしている計算になり、その差は三〇〇〇万円以上にもなる。いかにノルウェー人が豊かかわかるというものだ。

しかし、地味で自然体のノルウェー人はオシャレをするわけでもなく、贅沢をするわけでもない。そんな見栄を張らない素朴で変わらぬ人々の気質は、食生活にも表れている。まずお金があっても食事は質素で、朝は軽くパンかシリアルで済ます。昼は黒パンにチーズやサラミを挟んだオープンサンド。一般には朝八時から夕方四時までが勤務時間なので、夕食は早めの五時頃にとる。このとき、初めて調理した食事にありつける。ただし、早めの食事はお腹がへるので、寝る前にもう一度軽い夜食をとる。合計食事は四回で、日に一度だけ温かい食事をするというのが基本だ。

では、いったいどんな料理を食べているのかというと、一度だけとはいえこれもまた質素で、もともとは厳しい冬を乗り越えるための昔ながらの保存食が目につく。食材はタラ、サーモン、サバ、ニシン、イワシ、エビなどの魚介類に、シカ、ヘラジカ、トナカイ、カモなどのジビエや羊肉、そしてクジラ。伝統的な野菜はカブとキャベツ、夕食の付け合わせにはジャガイモが欠かせない。それにコケモモ、ブルーベリー、ラズベリーなどのベリー類はジャムにして肉にかけたり、お菓子にも使われる。また、チーズは牛乳を原料とする薄味のヤールスバーグ、山羊乳の甘いブルンオスト、サワーミルクのガンメルウスト（カビチーズ）などが食されている。

ここでノルウェーの国民食を紹介すると、やはり最初はサーモン料理を挙げる必要がある。脂がのって甘みがあり、口の中で溶けるような感覚のサーモンは、肉厚のステーキにしても美味しいが、新鮮な生のままマリネやサラダにしたり、スモークサーモンをパンにはさんだり、オオムギやオートムギで作るクラッカーのようなフラットブレッドにのせて食べてもいい。

このスモークサーモンと同じくらい食生活に浸透しているのがグラブラックスという食材で、スカンジナビア語で「グラブ」は「地面に穴を掘る」、「ラックス」は「サーモン」という意味になる。中世に起源を持つこの保存食は、塩漬けにしたサーモンを満潮のときに海面よりも高い砂浜に埋めて軽く発酵させて作るというもの。さすがに今日ではそんな古風な作り方はせず、サーモンを塩、砂糖、黒コショウ、ディル、香辛料の中に数日間埋めて熟成させる。ノルウェー版のお刺身といったふうのサッパリした味だ。

次のルーテフィスクも古風な保存食で、この国の歴史を物語る象徴的な料理だ。ノルウェー最北の沿岸地方では古くから、タラを竿に吊るして寒風に当てて干物にしていた。このバカラオと呼ばれる干したタラはノルウェーの名産として、一〇〇〇年以上も他国に輸出されてきた。一四世紀の末に著された料理本には、このバカラオの料理法について書かれている。まず木槌《きづち》でよく叩き、灰汁（アルカリ水）に何時間も漬ける。タラの身が柔らかくなったら煮込んで、茹でてつぶしたジャガイモと豆を横に添える。好きな人にとっては、ゼリー状のプリプリした食感がたまらないらしい。ただ少し発

ノルウェー

世界で２番目にビックマックが高い人権先進国の名物料理

酵臭があるので、ノルウェー人の間でも好き嫌いがはっきりと分かれるようだ。

　このほかには、骨付きの羊肉とキャベツを塩・コショウだけで味付けしてシンプルに煮込んだフォーリコール。スウェーデンのミートボールよりもやや柔らかめで、ブラウンソースやティッテバール（コケモモのジャム）を添えて食べるヒョットカーケ。また、タラのすり身を油で揚げた日本のはんぺんのようなフィスケカーケなどは、必ず食卓に上る家庭料理だ。

　しかし、せっかくノルウェーに行くならどうしても見逃せないのが、クジラとトナカイ料理。昔からノルウェー人は、クジラを食べる数少ない日本人の心がわかる〝食の友〟であり、過激な反捕鯨団体「シーシェパード」に体当たりされて捕鯨船を沈没させられた〝海の戦友〟で、日本を上回る世界最大（二〇一四年は一二八六頭）の捕鯨国である。

　だが、日本は米国の圧力に屈して調査捕鯨を建前としているのに対して、ノルウェーは捕鯨禁止に関するＩＷＣ（国際捕鯨委員会）が決定したモラトリアム（一〇年間商業捕鯨の禁止）に異議申し立てをし、自国の領海内で非絶滅危惧種のミンククジラを捕獲しているのは、正直で嘘もごまかしも苦手な国民性ゆえのこと。

　かつては日本でも、普通にクジラの大和煮、刺身、滝田揚げが食べられた。学校給食でも、ショウガと醤油《しょうゆ》に漬けた鯨肉に片栗粉をまぶして油で揚げたクジラのオーロラ煮（ノルウェー煮）という献立があった。かたやノルウェー名物のクジラ料理は、ステーキ、バーベキュー、刺身、カルパッチョ、トルティーヤ（薄焼きパン）巻きなどがあるが、欧米中心の国際世論に押されてクジラ料理はイマイチ元気がない。

これに対してトナカイ料理は、誰にはばかることなく健在だ。赤身が多くて歯応えがあり、ほとんどクセがなく、そのうえ低カロリー・高タンパクの肉料理というから健康にもよろしい。ステーキ、煮込み、ハンバーガー、カルパッチョ、ソテー、ミートボール、パイ包み焼き、シチューなどいろいろあるが、どんな調理法にせよ抜群に相性のいいコケモモジャムをつけて食べるのがこの国の流儀というものだ。

トナカイ料理はノルウェーを代表する料理だが、もともとはサーミ（ラップ）料理である。すでに一万一〇〇〇年ほど前にスカンジナビア半島で暮らしていたというサーミ人は、ノルウェー・スウェーデン・フィンランド・ロシアの四カ国にまたがるラップランドと呼ばれる地域で暮らしている。現在、一〇万人に満たない人々は、狩りや釣り、トナカイを飼って生活している。

ところで、人に優しく寛容なノルウェーは、日本人が理解に苦しむほどの超人権先進国で、その人権感覚は刑務所の囚人への接し方に表れている。たとえば、首都オスロの南方七五キロの島にある刑務所は、世界初の〝エコロジー刑務所〟として話題になった。所内の電力は太陽電池パネルでまかなわれ、ほとんどの食料は自給自足されている。独房にバス・トイレがあるのは当たり前として、机、薄型テレビ、冷蔵庫、フィットネス用具まで付いて高級マンションの一室といった雰囲気が漂う。

それとは別のハルデン刑務所では、共同施設にジムやトレーニング設備が置かれ、サッカー競技場、礼拝堂、図書館まで完備されている。しかも囚人は休暇をとって自宅に帰れるというから驚かされる。

そんな刑務所に収監されているあるサーミ人の男が、所内で投げ縄の練習が禁じられていることや食事にトナカイの肉が出ないことを不服とし、先住民の人権が侵害されていると訴えた。人権が大いに発達したノルウェーでは、それもごもっともと思えてくるから不思議だ。

食の世界を揺るがした二つの「事件」

人権先進国のノルウェーでは、食の世界を揺るがすような二つの「事件」が起こった。最初の「事件」は、二〇一五年に初めて『ミシュランガイド・北欧』(ノルウェー、デンマーク、スウェーデン、フィンランド)が発行されたことによる。

近年、北欧では画一化した伝統料理の壁を打ち破って、「ニュー・ノルディック・キュイジーヌ」(新北欧料理)という新たなオリジナルの芸術的な料理文化が開花しつつある。「ニュー・ノルディック・キュイジーヌ」の騎手であるデンマークのレストラン「ノーマ」の経営者のクラウス・マイヤー氏らが制定した一〇カ条からなる「現代北欧料理のマニフェスト」を読むと、新たな北欧料理が何を模索しているのか、より鮮明に見えてくる。

①北欧という地域を思い起こさせる、純粋さ、新鮮さ、シンプルさ、倫理感を表現する。
②食に、季節の移り変わりを反映させる。

③北欧の素晴らしい気候、地形、水が生み出した個性ある食材をベースに料理する。
④美味しさに、健康で幸せに生きるための現代の知識を結びつける。
⑤北欧の食材と多用な生産者をプロモートして、その背景にある文化的知識を広める。
⑥動物の反映と、海、農地、大地における健全な生産をプロモートする。
⑦伝統的な北欧食材の新しい利用価値を発展させる。
⑧外国の影響をよい形で取り入れ、北欧の料理法と食文化に刺激を与える。
⑨自給自足されてきたローカル食材を、高品質な地方産品に結びつける。
⑩消費者の代表、料理人、農業、漁業、食品加工、小売り、卸売り、研究者、教師、政治家、このプロジェクトの専門家が協同し、北欧の国々に利益とメリットを生み出す。

翌二〇一六年の『ミシュランガイド・北欧』では、デンマークの「ノーマ」と肩を並べて、ノルウェーの「マーエモ」が三つ星を獲得。ちなみに、この年はスウェーデン二四店、デンマーク二二店、ノルウェー五店、フィンランド四店に星が与えられた。だが星の数から見たら、ノルウェーの美食に対する評価はまだまだ低い。

というのも、レストラン「マーエモ」の最低メニューの価格は二〇五〇ノルウェー・クローネ（約三万五〇〇〇円）で、贅沢が馴染まない質素な暮らしをしているノルウェー人には高嶺の花といった感じがしないでもない。しかし、消費税二五％のノルウェーでは、ビッグマックの価格が六一九円

（二〇一六年）で、スイス、スウェーデンに次いで世界で三番目に高い。だとすれば、ミシュラン三つ星レストランの料金にもじきに慣れることだろう。事実、「いつかはマーモエへ」という人は増えていて、数カ月先まで予約で埋まっているという。

しかし、問題はそこではない。ミシュラン一つ星を獲得したレストラン「イラヤリ」に続いて、二〇一三年にオープンしたばかりの「ファウナ」までが店閉まいしてしまったのである。その原因は経営上の問題ではなく精神的な問題で、ファウナの店長は「もう限界だ。ファウナは我々が予想していた以上に大きくなってしまった。楽しく営業するはずが、成功への恐怖に頻繁に襲われるようになった」と新聞のインタビューで答えている。この店のシェフも鳴りやまない電話の予約に、ストレスを感じていたことを明かした。しかし、二店とも一時的にレストランは畳んでも、今後も料理の世界で生きてゆくという。

料理人にとっては自分の店を出すのが一生の夢で、仕事のためならどんなことでも耐えるのが日本人でも、ノルウェー人は人生あっての仕事であり、たとえミシュランが星を付けて世界的な名声を与えてくれたとしても、競争社会の中に身を置き、常に他人から評価されることで自分が擦り切れてしまうのは望まない。ノルウェー人は、過剰労働とストレスに弱い。

だが、これはノルウェー人に限ったことではない。ミシュランの三つ星レストラン「ロテル・ド・ヴィル」（スイスのローザンヌ）のシェフで、フランス政府が世界のトップ一〇〇〇のレストランを選ぶ「ラ・リスト（La Liste）」で世界一の座に輝き、まさに料理人として頂点を極めた翌年の二〇一六年二月、銃で自殺したフランス系スイス人のブノワ・ヴィオリエ氏はそれを象徴する料理人だった。

はっきりと理由を語らずに自ら命を絶った超一流のシェフといえば、もう一人二〇〇三年に猟銃自殺したベルナール・ロワゾー氏が思い浮かぶ。仏レストランガイドの『ゴー・ミヨ』誌は、ロワゾー氏のレストラン「ラ・コート・ドール」の評価を二〇点満点中一九点から一七点に引き下げた。これをもって『フィガロ』紙がミシュランの三ツ星に値しないレストランと批評したこともあって、ロワゾー氏は次は『ミシュランガイド』で三つ星から降格するのではないかと恐れていたという。

ミシュラン三つ星レストランの栄誉は、常に批評にさらされ、そこから転落する恐怖と隣り合わせだ。そんなふうに神経をすり減らして生きるよりも、楽に自分らしくのびのび生きる方が自然派のノルウェー人の性に合っているようだ。

そしてノルウェーの食に関する二つ目の「事件」とは、二〇一六年二月から首都オスロ市が「肉なし月曜日」の導入を決定したことだった。市役所の食堂や公的機関では、毎週月曜日はベジタリアンメニューとなり、公立学校の給食もこれにならう。

そもそも「肉なし月曜日」が実現された背景には、二〇〇六年にＦＡＯ（国際連合食糧農業機関）が「家畜は、世界のすべての車とトラックを合わせたより多くの地球温暖化ガスを発生させている」と公表したことによる。これを受けて、デブア国連事務局長は「地球温暖化を抑止する最善の策は、すべての人がベジタリアンになること」、またパチャウリ国連ＩＰＣＣ議長は「最低週一日は肉食を

ノルウェー

世界で2番目にビックマックが高い人権先進国の名物料理

やめなければならない」と自説を述べた。

ＦＡＯのレポートによれば、世界の温暖化ガス排出量のうち一八％は家畜産業が占めている。また、一〇〇グラムの肉を生産するには、一六倍の一六〇〇グラムの穀物が必要で、畜産動物に与えられている穀物を人間の食糧とすると二〇億人分の生命を養える計算になる。そのため食肉をやめれば、人類を飢餓から救うことができるというのだ。

しかも毎年世界中で五三〇億匹の動物が人間の食糧として殺されていて、食肉をやめることで動物の命も救うことができる。ちなみに、ノルウェー人が一生で食べる動物の数は、鶏一一四七羽、羊二二頭、牛六頭、シカ二・六頭など平均一二〇〇頭以上にもなる。そのうえ、動物性たんぱく質の代わりに植物性たんぱく質を摂取することでコレステロールや飽和脂肪酸が減り、ガン、心臓病、高血圧、糖尿病、肥満などの成人病が減少するという。

二〇〇九年五月、ＦＡＯのレポートを真剣に受けとめ、最初に行動を起こしたのはベルギーのゲント市で、すべての公共機関や公立学校で「菜食の木曜日」をスタートした。その翌月、ポール・マッカートニー氏が中心となって、「ミート・フリー・マンデー（肉なし月曜日）」のキャンペーンを開始。ハリウッドセレブや多数の有名シェフもこれを支持し、「肉なし月曜日」を呼びかけた。続いて、二〇〇九年七月にドイツ（スポーツブランド「ピューマ」）で「肉なし月曜日」、二〇一〇年二月にイギリス（オックスフォード大）でも「肉なし月曜日」、二〇一一年一〇月にスウェーデン（ストックホルムの四つ星ホテル）で「菜食の月曜日」、二〇一六年一月にフランス（ボルドー）で毎月一日を

「肉なしデー」と決定。その国によって「菜食の木曜日」「肉なし月曜日」「週一ベジー」と多少の違いはあっても、ベジタリアン運動は連鎖的な広がりを見せている。そのほかスペイン、イタリア、オーストリア、スイス、ルクセンブルク、フィンランドも参加。ある国の一都市でベジタリアン運動が始まると、国内の他の都市にも次々に波及することから、この動きは今後も拡大しそうだ。

二〇一三年一一月、ノルウェー軍は隊員の食事を週に一度ベジタリアン料理にすると発表した。軍の報道官は、「経費削減のためではありません。気候への意識を高め、環境に優しくなるためです。健康にもいいです」と理由を語った。これにより年間で約一五〇トンの肉の消費を削減できるという。

ところで、ノルウェーは完全なる男女平等の国で、男女が社会的利益を平等に享受しているかどうかを数値で表す「ジェンダー開発指数（ＧＤＩ）」、男女間の機会均等や女性の社会進出の度合いを表す「ジェンダー・エンパワーメント指数（ＧＥＭ）」がともに世界二位（二〇〇九年）。そんなわけで、女性重役が世界最多であり、しかも二〇一五年から世界に先駆けて女性に兵役が課されることになった。今後は、女性の一流シェフも現れることだろう。

スウェーデン

正式名称　スウェーデン王国
首　　都　オスロ
面　　積　450,000km²(日本の約1.2倍)
人　　口　988万人
主な宗教　キリスト教(スウェーデン国教会)約8割

バイキング発祥の地で振るまわれるノーベル・ディナーのスペシャル度

ザリガニパーティーと乾杯のマナー

日本で親しまれているバイキング料理は、何か特別な料理を指すわけではなく、ビュッフェ形式の食べ放題というものだ。実は、このバイキング料理の原形がスウェーデンにあることはあまり知られていない。

とはいえ、バイキングと呼んでいるのは日本だけのことで、ヨーロッパでは通じない。イギリスでは「ブッフェイ」または「バッフェイ」（buffet）、フランスでは「ビュッフェ」（buffet）、またスラヴ諸国では、一般に「スウェーデンのテーブル」という意味の自国の言葉を当てはめる。しかし、本家本元のスウェーデンでは、「スモーガスボード」（smörgåsbord）という。「スモーガス」とはサンドイッチ（パン&バター）、「ボード」とはテーブルのことで、大勢でシュナップスという強い蒸留酒を飲みながらサンドイッチを食べる立食形式の軽食で、一四世紀に始まったものらしい。それが温かい食事も出される今のような形に落ち着いたのは、一七世紀に入ってからのことだ。

そもそもバイキング料理の名づけの親は日本の帝国ホテルで、昭和三二年（一九五七年）に新館を建設するにあたり、当時の犬丸徹三《いぬまるてつぞう》社長は時代の先端をゆくレストランを模索していた。たまたまデンマークで、「好きなものを好きなだけ食べる」画期的なスタイルの食事を体験した犬丸氏は、日本初のブフェレストランを開業。しかしスモーガスボードという言葉は馴染みがないので、当時封切ら

スウェーデン

バイキング発祥の地で振るまわれるノーベル・ディナーのスペシャル度

れていた話題の映画『バイキング』から拝借し、「インペリアルバイキング」とした。その料金は、当時の宿泊料と変わらない昼一二〇〇円・夜一五〇〇円と高価だったが、行列ができるほど大評判となった。

ところでこのバイキング料理ならぬスモーガスボードには、伝統的な食事のマナーがある。まず食事するに当たっては、使うお皿が多ければ多いほど良いとされる。すなわち、一度にたくさん料理をのせるのではなく、小分けしてお行儀よく食べるのがいい。原則としては、最初のお皿は定番のニシンの酢漬け、キャビア、サーモンやウナギの燻製などの冷たい魚介類料理。二番目は、ハム、ローストビーフ、トナカイの肉などの冷たい肉料理。三番目がサラダ。四番目に温かい魚料理。五番目に温かい肉料理。そして、最後はチーズやデザートで締める。

それとシャイで人見知りのスウェーデン人が内輪で楽しくやるのが、一六世紀から続くクレフトシーヴァ（Kräftskiva）というザリガニパーティーだ。

最近では、日本にも世界最大の家具店ＩＫＥＡが参入したことで、スウェーデン料理もボチボチ紹介されるようになった。ＩＫＥＡのレストランでも、期間限定でザリガニプレートを提供している。

ザリガニと聞くと泥臭いイメージがあるが、〝黒い金〟と呼ばれるスウェーデンのザリガニは小さめのロブスターといった感じで、湖などのきれいな淡水に生息しているので、それほど臭味がない。煮たてたお湯の中に、塩・ビール・ディルというセリ科のハーブを入れて茹でると、ザリガニはきれいな深紅に染まる。

パーティー会場には、ユニークな丸い顔をした「月の男」の絵が描かれたランタンがぶら下がり、参加者は頭に紙でできた三角帽をかぶり、ザリガニの汁が飛ばないように紙エプロンをかけ、テーブルにはザリガニのイラストが入った食器が置かれる。この季節、どこのスーパーでもザリガニグッズが飛ぶように売れる。

いつもは、物腰優しく、クールで口数少なく、ぬけるような白い肌・金髪・碧眼《へきがん》で、まるで王子様・王女様といった風貌のスウェーデン人は、見知らぬ人同士が集まるパーティーでは社交的に振る舞うことができない。自分から心を開くのが極端に苦手なスウェーデン人は、一人ポツンとワイングラスを傾けて、窓の外を眺めながら物思いにふけるような傾向がある。物静かを通り越した暗く憂鬱《ゆううつ》な気分は「スヴォームード」と呼ばれ、この言葉がスウェーデン人気質の代名詞になっている。

しかし、ザリガニパーティーでは気心が知れた人ばかりなので、リラックスして本当の自分をさらけ出せる。テーブルには、メインのザリガニや各種チーズの盛り合わせ、ソーセージやミートボール、サーモンのパイなどが並ぶ。準備が整ったところで、麦やジャガイモを蒸留した四〇℃もある強いアクアヴィット（シュナップス）でいっせいにスコール（乾杯）。一気に飲み干すと、全員の手がザリガニへと伸びる。

普段、お上品なスウェーデン人だが、このときばかりは食事のマナーが違う。大胆に手づかみでザリガニを真っ二つに裂き、頭部に染み込んだ汁をジュルジュル音を立てて吸う。それからザリガニの頭をちぎって、中にある味噌をすくってなめる。食事中は音を立てないのがマナーだが、なぜかザリ

スウェーデン

バイキング発祥の地で振るまわれるノーベル・ディナーのスペシャル度

ガニに関しては音を立てるのが許されている。ちょうど日本人が音を立ててそばを食べるようなものだろうか。しかも残った汁までパンに浸して食べるのが、通のザリガニ料理の食べ方というものらしい。

また、日本では目上の人や客人が上座に座り、目下やおもてなしする人が下座に着くように、スウェーデンでも座り方に一定のルールがある。まずゲストは男女が交互に座るのが基本で、このときカップル同士が隣り合わないようにする。またホスト夫妻はテーブルの両端に向かい合い、夫人の隣に主賓が座る。

全員が席に着いたところで、いよいよパーティーは乾杯の挨拶で始まる。このとき、歓迎のスピーチをするのはホストである主人の役目だ。乾杯に当たっては、ホストの夫人以外の女性は、自分の左隣の男性が目を見ながら「スコール！（乾杯）」と言ってくれるのを待って、初めてグラスに口をつけることができる。このルールを無視して、男性がしかるべき女性に声をかけなかったり、別の女性に声をかけたりすると、その場の関係は穏やかならぬものになる。そしてあらかた食事が終わってデザートに入る前に、夫人の横の主賓はウイットに富んだ挨拶をしてパーティーを締めくくるのが鉄則になっている。

この国では、男性が育児休暇をとるのは当たり前。人権感覚も恐ろしく進んでいて、ゲイパレードには首相や牧師やサッカー選手までもが参加する。そう言っては叱られそうだが、病的なまでに男女平等、人権感覚が発達したスウェーデンの食事の席で、女性が自由にドリンクを飲めないことに、どこか矛盾を感じずにはいられない。

コケモモジャムとユニークな名前の簡単料理

スウェーデンはフリーセックスの国だ。フリーセックスとは男女差別がないという意味と、そのまずばり自由にセックスを楽しむという二通りの意味がある。後者を証明する一つの事例は、スウェーデンの国営薬局チェーンでは大人のおもちゃを販売しているという、日本人にはビックリの事実だ。知的で神経質でシャイな人々なのに、白昼堂々、大人のおもちゃを買うのは恥ずかしいことではないらしい。また、対話を重んじる民主主義の人々は、夫婦間で前日のセックスの良し悪しについて語り合い、よりよいセックスのために研究と努力を惜しまない。

しかし、食に関してはどこか空腹を満たすために食べるといった感じは否めず、セックスに比べて興味が薄く、手を抜いていると思えないこともない。女性の社会進出が進んでいるこの国では、そうなるのは仕方ないのかもしれないが。

とは言いながらも、スウェーデン人にとって最も大切なニシンの酢漬けをはじめ、手間暇かけずに美味しく食べられるスウェーデン料理はいくつもある。

その代表格は、国民食とも言えるショットブラール。特に子どもの大好物であるこの料理は、ピリリとスパイシーなミートボールに甘みがなく酸味の効いたリンゴベリー・ジャムをつけて食べるとこ

スウェーデン

バイキング発祥の地で振るまわれるノーベル・ディナーのスペシャル度

ろがミソだ。とりわけ人気の家庭料理の味を引き立てているのがリンゴベリー・ジャムだが、これは、ビタミンCが豊富なコケモモから作られている。

スウェーデン人はリンゴベリー・ジャムを何にでもつけたがる。日本人はちょっと引いてしまいそうな牛や豚の血を固めて作った血のプリン（ブラッド・プディング）にも、リンゴベリー・ジャムをつけて食べるというのだから、ちょっと気色悪い。この料理は鉄分やミネラルが豊富で滋養強壮に効果があると言われるが、その前に気の弱い人は貧血を起こしてしまいそうだ。

次に名前がユニークな料理を三つ紹介したい。最初は、「ヤンソン氏の誘惑」というグラタン料理だ。作り方は簡単で、太めの千切りにしたジャガイモ・バターで炒めた薄切りの玉ネギ・アンチョビ（イワシではなくニシン）の順に何層かに重ねた上に生クリームをかけ、二〇〇℃のオーブンで四〇分ほど焼いて、こんがり焦げ目をつける。名前の謂れは、宗教者で菜食主義者だったヤンソン氏が誘惑に負けて、我慢できずにとうとう食べてしまったという逸話が元になっている。

二番目は、「空飛ぶヤコブ」という想像を絶する料理。塩とコショウで炒めた鶏肉とベーコンの上にバナナの輪切りをのせ、その上から撹拌《かくはん》した生クリームとチリソースをかけ、仕上げにピーナッツを散らし、二一五℃のオーブンで二〇分ほど焼き上げる。航空会社勤務の子煩悩なオヴェ・ヤコブソン氏が、冷蔵庫の中のあり合わせの材料を適当に使って子どものために料理を作ったところ、偶然こんな大胆な料理を発明してしまったということだ。

そして最後は、朝食にも酒のおつまみにもなる「おじいちゃんの栄誉」。アンチョビのオイルをフライパンに敷いて、小さくカットしたアンチョビ・ゆで卵・玉ネギを塩とコショウで炒め、上からパセリを散らせるという単純料理。残念ながら、名前の謂れは定かでない。

以上三つの家庭料理は、名前の面白さはもちろん、素材が少なく、作り方がとてもシンプルで、カロリーが高いという共通点がある。あまり料理に執着がなく、寒さが厳しい北欧に生きるスウェーデン人の知恵の結晶とでも言えるだろうか。

あなたも食べられるノーベル・ディナー

戦後まもない一九四九年、湯川秀樹《ゆかわひでき》氏がノーベル物理学賞を受賞。日本人初のノーベル賞は、復興途上の日本を勇気づけてくれた。それに続いて朝永振一郎《ともながしんいちろう》氏が、やはりノーベル物理学賞を受賞（一九六五年）。お二人以外で深く日本人の心に残っているのは、川端康成《かわばたやすなり》氏（一九六八年）と大江健三《おおえけんざぶ》郎《ろう》氏（一九九四年）のノーベル文学賞。比較的最近では、島津製作所に勤務していた田中耕一《たなかこういち》氏（二〇〇二年に化学賞受賞）、iPS細胞を発見した山中伸弥《やまなかしんや》氏（二〇一二年に生理学・医学賞受賞）ではないだろうか。

ノーベル賞はダイナマイトを発明したスウェーデン人のアルフレッド・ノーベルが遺産の使途を定めた遺言状の中で、物理学賞、化学賞、生理学・医学賞、文学賞、平和賞の創設を託し、のちにスウェーデン国立銀行が経済賞を追加したものだ。毎年ノーベルの命日の一二月一〇日、ストックホルム

スウェーデン

バイキング発祥の地で振るまわれるノーベル・ディナーのスペシャル度

市のコンサートホールでメダルと副賞の一〇〇〇万スウェーデン・クローネ（約一億四〇〇〇万円）が国王から手渡される（平和賞はノルウェー主催でオスロにて授賞式）。式典後は、ストックホルム市庁舎のブルーホールに場所を移して、記念晩餐会が盛大に開催される。毎年変わる晩餐会のメニューは秘密厳守で、この日の夜七時に発表される。

ちなみに二〇一五年のメニューは、前菜が魚卵と海藻を散らしたスカンジナビア産ヒラメとホタテのカルパッチョ風。メインは仔牛のロースト・マッシュルーム包み、ジャガイモのパイと根セロリ・リンゴの付け合せ。そしておしまいは、アイスクリーム&ムースにチェリー風味のソースを和え、桜の花をイメージしたコーヒーとアーモンド風味のデザートだった。

このメニューを考案したサヤン・イサクソン氏

は、四年に一度開催される世界料理オリンピックの金メダリスト（二〇〇二年）で、ストックホルム市内でミシュラン星つきレストランを含む三軒を経営。うち一つは高級寿司店で、「自分の料理スタイルはオーガニックで、日本の影響を受けた」と語る。その言葉通り、料理の随所に繊細な日本の美が表現されていた。

ところでノーベル賞がスタートしたのは一九〇一年のことで、このときX線を発見したドイツの物理学者ヴィルヘルム・レントゲンが、ノーベル物理学賞第一号を受賞している。最初の晩餐会の料理は何かというと、前菜がキノコサラダ、インゲン豆のトマトソースかけ、サーモンサラダ、サーモンを挟んだニシン、ムラサキ貝とエビのマリネ、プロバンス風エッグだった。当時からニシンやサーモンなどバルト海の素材が使われ、北欧の特徴を持たせることが、今に至るまで引き継がれている。このときのメインは牛フィレのロースト、ポートワイン・生クリームソース。牛フィレステーキの上には、フォアグラのパテとトリュフのスライス添え。デザートは、アプリコットタルトのアイスクリームだった。

当初は一五〇人のゲストを呼んだ小規模なノーベル・バンケットだったが、今では一三〇〇人以上がストックホルム市庁舎のブルーホールに一堂に会する。

広いホールとはいえ、一三〇〇人以上ものゲストが座ると窮屈だ。客と客の間はたった四センチほどの隙間しかないことから、世界で最も込み合う晩餐会と言われる。人間関係が希薄で、人と人との間に距離感があるスウェーデン人も、このときばかりは濃い人間関係にどっぷりとつかることになる。

スウェーデン

バイキング発祥の地で振るまわれるノーベル・ディナーのスペシャル度

会場にしつらえた六五脚のテーブルには、合計すると四七〇メートルの長さにもなるというテーブルクロスが掛かる。ノーベル・ディナーにはお皿が六七三〇枚、グラスが五三八四個、ナイフやフォーク類が九四二二本も必要だというから半端ではない。だが、食器が使われるのは年にたったの一日だけで、宴の後は市庁舎の金庫に保管される。

二六〇人の給仕は皿を運ぶ際にバランスがとれるか、超一流の来賓やテレビカメラの前でも緊張せずにサーヴできるか、別の階で作る料理を二分間でホールへ運べるかなど、リハーサルを重ねてきた。厨房で働く四〇人のシェフについては、三日前から料理長の指示に従って休む間もなく準備に当たる。たとえば二六九二羽のハトの胸肉、四七五個のロブスター、四五キロのスモークサーモン、七〇リットルのラズベリー・ビネガーソースを準備するといったふうだ。

晩餐会にはスウェーデン王室関係者をはじめ、政界の要人、世界各国のトップレベルの学者などが出席し、ノーベル賞受賞者はそうそうたる人物と同じテーブルに着く栄誉にあずかる。たとえば梶田《かじた》隆章《たかあき》氏（二〇一五年に物理学賞受賞）は、光栄にもシルヴィア王妃のお隣の席だった。ご本人の希望かどうかはわからないが、前もって来賓はどんな席に座りたいかという希望を述べる機会が与えられる。その中には、「グスタフ国王と同じテーブルに」とか「ヴィクトリア王女の隣に」とか、さらには「まだ未婚なので、どなたか若い女性の隣に座りたい」といった願いまであるらしい。

さてノーベル・ディナーは、年に一度、ごく限られた人だけの夢の宴だが、いつでもこれと同じ料理が誰でも味わえるとしたらどうだろう。ノーベル・バンケットが開催されるストックホルム市庁舎の地下にあるレストラン「スタッズフースシェッラレン（Stadshuskällaren）」では、事前予約が条件でノーベル賞受賞者に供されたのと同じメニューが食べられる。しかも、その年の最新メニューに限らず、歴代のノーベル・ディナーのメニューがオーダーできる。ただし、前菜、メイン、デザートの三皿にミネラルウォーター、コーヒー、シャンパン一杯、ワイン二杯が付いて、二〇一五年の値段では、税込みで一人前が一六九五スウェーデン・クローナ（二万二五〇〇円）。果たして、このノーベル・ディナーは安いのか高いのか。懐具合は別として、一人ひとりのノーベル賞への思い入れと料理の理解度・満足度によるのだろう。

ロシア

正式名称　ロシア連邦
首　　都　モスクワ
面　　積　17,070,000km²（日本の約45倍、米国の約2倍）
人　　口　1億4,651万人
主な宗教　キリスト教（ロシア正教）75%、イスラム教19%

野暮が嫌いな大国で愛される農民料理と宮廷料理

農民料理VS宮廷料理

日本人にとって馴染みのあるロシア料理は、やはりボルシチとピロシキ。しかし、これ以外に何か知っているかと問われると、まったく頭に浮かばない。しかもボルシチはロシア人が得意とする国民料理ではあっても、もともとはウクライナの民族料理だと言われたら、厳密な意味で知っているロシア料理はピロシキだけになってしまう。ただし、日本のような揚げたピロシキは少数派で、オーブンで焼くのが一般的だ。

そんな知られざる隣国のロシア料理は、いくつかのカテゴリーから構成されていて、社会制度や階級と無関係でない。すなわちモスクワ大公国以降の貧しい農奴、ツァーリ（君主の称号）が統治する帝政ロシアの支配階級、そしてロシア革命後の共産党の時代と、それぞれの時代を生きた人々が食した料理が淘汰《とうた》されて、現代のロシア料理が成り立っている。

その一方で、ウクライナやカザフスタンなど他民族料理を除いたら、独自のロシア料理はシチー（キャベツのスープ）しかないなどと揶揄される。もっとも一九九一年にソ連が崩壊し、それまでの中央計画経済から市場経済に移行する過程で、タダ同然で国営企業を手に入れたにわか成金のオリガルヒ（新興財閥）はいざ知らず、常に大多数のロシア人は貧しい庶民だった。だからロシア料理の基本は、飾らない家庭料理と言えそうだ。

ロシア

野暮が嫌いな大国で愛される農民料理と宮廷料理

まず第一に、今のロシア料理のベースになっているのが農民料理。この素朴で質素な料理は、スープとお粥《かゆ》と黒パンに代表される。ロシア料理の特徴としては、スープの種類が多いことが挙げられるが、やはりスープの王様はボルシチだろう。ちなみにロシアではボルシチとは言わず、「ボルシィ」と発音する。ボルシチには、地方や家庭ごとにこだわりがあって、具の肉が豚肉だったり牛肉だったり、ソーセージやベーコンやハムだったりもする。また、トマトやケチャップを入れたり入れなかったりもするが、すべてに共通するのがビーツ。

ボルシチの食欲をそそる真っ赤な色を出しているのがこの野菜で、ビーツを赤かぶと勘違いしている人もいるようだが、ホウレンソウと同じアカザ科のサトウダイコンの仲間だ。ロシアではスビョークラと呼ばれ、大切な役割を演じている。お好みにより、ボルシチにスメタナ（サワークリーム）を入れると味はまろやかになり、色はきれいなピンク色に染まる。

だが、実際にはボルシチ以上にロシア人と深くかかわっているのが、シチー（またはシー）というキャベツスープだ。なにしろロシアには、「善人はシチーから逃げない」という諺《ことわざ》があるくらいで、毎日食べても食べ飽きない。シチーには生キャベツも使われるが、発酵させたザワークラウト（酸っぱいキャベツ）がいい味を出す。ザワークラウトにはビタミンやミネラルが豊富に含まれ、栄養の面でも厳しい冬を乗りきるにはこの方がいい。ボルシチと同様、シチーにもスメタナが欠かせない。

このほかのスープでは、肉や野菜のほかキュウリのピクルスが決め手となるラッソーリニク。サケ・スズキ・サワラ・チョウザメなどの魚と、野菜を煮込んだ白湯スープのウハー。ハムやゆで卵に野菜を煮込み、仕上げにクワスという弱いアルコール発酵飲料（麦芽や酵母で発酵させ、ミントや果汁で香りをつける）を加えたオクローシカは、夏場の冷たいスープ。お好みによってスメタナを入れるのは言うまでもない。

このような素朴なスープに合うのは柔らかな白パンではなく、ビールやヨーグルトとも相性のいい硬めの黒パンだろう。特にロシア人が大好きな黒麦パンは「ボロジンスキー」といい、イースト菌のほかにライ麦の麦芽、蜂蜜、コリアンダー（香菜）が使われている。

それはさておきライ麦を原料とする黒パンは、独特の酸味の効いた何とも言えない香りがする。ロシア人が黒パンを主食とするのは、ライ麦は寒冷地でも育つという特性があるからだ。そのうえ黒パンの方が、安くて日持ちするうえ栄養価も高い。昔からロシア人は硬くなった黒パンを紅茶やスープに浸して食べたり、お湯に溶かして前述のクワスというアルコール飲料を作ったり、お粥に混ぜたりと、硬くなっても捨てないで再利用してきた。

また、ロシアの農民料理に欠かせないのが、カーシャというお粥料理だ。硬くなった黒パンも利用できなくはないが、普通は小麦・カラス麦・米・キビ・ソバが使われる。ロシアには「シチーとカーシャ、日々の糧」という諺があるが、カーシャとシチーは日本人にとってのお粥と味噌汁のようなものと言ったらわかりやすいかもしれない。

ここまで代表的な農民料理を紹介してきたが、これとは対照的にロシア料理にはロシア帝国（一五四七～一九一七年）の宮廷料理の名残が見られる。ロシア史上最大の暴君と恐れられた雷帝（イヴァン四世）が催した宴会には、金銀の食器にのった五〇〇もの料理が惜しげもなく振る舞われたという。それもまんざら誇張ではなさそうで、雷帝の教育係だったシリヴェーストルが著した『家庭訓』の中には、お祝いの宴に白鳥、ガチョウ、クロライチョウ、エゾライチョウ、子豚などが料理されたと記述されている。このほか牛の干し肉、ソーセージ、ハム、羊の煮こごり、ウサギの肝臓や脳みそ料理といった珍味まで贅の限りが尽くされた。

その後、ロシアをヨーロッパの列強に押し上げたピョートル一世は、以外にも質素な食生活を愛したようだ。たとえば、シチー、お粥、塩漬けのキュウリ、焼き肉、塩漬け肉、ハムを好み、魚はまったく食さなかった。普段はクワス（麦類の発酵性飲料）を飲み、酒はアニスのリキュール（セリ科の植物を抽出）を口にした。

その後、一八世紀のエカテリーナ二世は有名なフランス人の料理人カレームを使ったことで、ロシアの宮廷料理はいっそう洗練された。晩餐会には、数十種類ものスープ、仔羊のロースト、オリーブの入ったカモ、スズキとハム、トリュフ添えのライチョウ、ピスタチオ風味のキジ、亀など、一〇〇種類以上のフランス料理がテーブルを飾ったという。だが、女帝個人としては以外に地味な食生活を好み、煮込み牛肉の塩漬けキュウリ添えが好きだったらしい。

当時のフランス料理は、一度に料理を並べる給仕方法をとっていたが、冬のロシアは寒いうえ宮殿は広いので、料理が冷めないように、①前菜（ザグースカ）、②スープ、③メイン・ディッシュ、④デザートと一品一品順番に運んでくるスタイルが出来上がった。のちにこの食事のマナーはフランスに逆輸入されたが、元をたどれば贅沢なツァーリとロシアの過酷な風土が生んだものだった。

この宮廷料理には、まん中にバターを挟んで薄く叩いた鶏の胸肉で巻き、パン粉をまぶして油で揚げたキエフ風コトレータ（カツレツ）がある。それとよく知られたビーフストロガノフは、牛肉の薄切り、玉ネギ、マッシュルームをバターで炒めてスープでじっくり煮込んだ後、たっぷりスメタナをかけたビーフ&クリームシチューといった感じのメイン料理だ。

そしてロシアが誇る最高級食材と言えば、世界三大珍味の一つのキャビアだ。ロシア語でチョールナヤ・イクラー（黒い魚卵）と呼ばれるチョーザメの卵は、主にアムール川やカスピ海でとれる。モスクワで働く日本人駐在員の間では、アツアツの白いご飯にたっぷりキャビアをのせて、上からバターと醤油をちょっぴりたらしたキャビア丼が最高に旨いと噂されている。いくらキャビアが高級でも、庶民らしく食べるのが旨い。

宗教と料理の抜き差しならぬ関係

ロシア人は信心深くもあり、信仰心が薄いようでもある。驚くべきことに、旧ソビエト時代の憲法では信教の自由が保障されていた。ただし、一党独裁の共産党は宗教を否定していたので、事実上、信仰は禁じられていたようなものだった。

ソ連崩壊後は、ビザンティン帝国の流れを汲み、東方正教会に属するロシア正教が復活。国民の三割が、無心論者からにわかキリスト教徒になった。現在、八割のロシア人が自分は正教徒だと考えているが、教会に通っているのは一〇人に一人くらいのものだ。西欧から二週間遅れの一月七日に行われたクリスマスのミサに足を運んだのは、モスクワ市民一二〇〇万人のうちの二八万人ほど（二〇一二年）。この数字はソ連時代の信者数とほぼ同じで、実際のところ信仰者はあまり増えていないことになる。

ところで、長い歴史の中で宗教が料理に及ぼした影響は無視できない。ロシアでは厳しい冬が終わると、春の到来を祝うマースレニッツァ（バター週）というスラヴの伝統行事が毎年行われる。このときは家族や親せきが集まって、ブリヌイという小麦粉をこねたロシア風クレープをたくさん焼いて、この上にキノコ・イクラ・キャビアのほか、ジャム・ハチミツ・スメタナなどをのせてお腹いっぱい食べる。ブリヌイが丸いのは、太陽を象徴しているからだという。

このお祝いは、ロシアが一〇世紀にキリスト教を受け入れるずっと以前からスラヴ民族の間で受け継がれてきた。ちなみにキリスト教を受け入れたウラジミール一世は、「ルーシ（ロシア）には楽しく飲む習慣があり、この習慣なしに暮らすことはできない」と言ったそうだ。

この太古のロシアのお祭りはキリスト教と結びついて謝肉祭となり、復活祭まで七週間続く大斎期（ヴェリーキー・ポースト）前の準備期間に位置付けられた。年に四回ある斎期のうち最大の大斎期前に、しっかり食べておこうと心の準備を促す意味合いもある。大斎期中はキリストの受難や断食に思いを馳せて、自らも食事を慎み、祈り、聖書を読み、善行を施し、また男女の交わりも控えるのだが、自称ロシア正教徒にはほとんど関係ないことで、マースレニツァは単にブリヌイをたらふく食べるだけの意味しか持たない。

さて、大斎期中は肉料理はもちろん、乳製品やオリーブ油まで禁止され、小麦、野菜、果物を使った料理だけになる。三週目と六週目の週末にだけ魚を食べること、土日に赤ワインを少々飲むことが許される。さらに最終週の月曜から水曜日は油を使わない生食、最後の晩餐となる木曜日は油とワインを使った茹で料理、そして金曜日はいよいよ断食。復活祭前日の土曜日は油なしの茹で料理というのが七週間のフルメニューだ。

しかし、どういうわけかイカ・タコ・カニ・貝類は魚から除外され、蛙も含めて食べていいことになっている。それとヒマワリの種も禁止品目から外されているため、ヒマワリの種を食べる習慣が定着し、ロシアは世界的なヒマワリ生産国となり、ヒマワリが国花となった。

このように宗教と料理は密接に関係し、ロシアでは早くから肉や魚を使わない精進料理が発達したのだった。しかしながら信仰心はなくても、ダイエット代わりに大斎期に挑戦する女性のエセ正教徒もいるようだ。

ところで、無神論を国是としていたソ連時代は、当然クリスマスは国民の祝日ではなかった。しかし、現在は一月七日の正教のクリスマスは国民の祝日になっているほか、一月八日までがニューイヤーホリデーとなって、二〇一六年は一月一日から一〇連休となった。そのためロシア人はお正月には美味しい料理を食べて、ゆっくりとくつろげる。

ロシア

野暮が嫌いな大国で愛される農民料理と宮廷料理

お正月料理のメニューは、だいたいローストしたガチョウか、ソバ粥を詰めた子豚の丸焼きと相場が決まっているが、このとき欠かせないのがミカンとシャンパンだ。ソ連時代は果物を輸入していなかったので、ミカンは貴重だった。唯一、温暖な黒海北岸に位置するアブハジア産のミカンが、この時期にとれる貴重な果物で、これをお正月に食べるのが庶民の夢だった。

このほかロシアのお正月になくてはならないのが、二つのサラダ。まず、「オリビエ・サラダ」と呼ばれるロシア風サラダは、さいの目に切ったジャガイモ・ニンジン・キュウリ・卵に、ハム（または鶏肉）とグリーンピースを入れてマヨネーズで和えるシンプルなものだ。

一方、「シューバ（毛皮のコート）をまとったニシン」というおかしな名前のサラダは、革命後の物不足の世相、せめてお正月くらいは少しでも凝った料理を食べさせたいという、主婦の涙ぐましい家族愛が感じられる一品だ。

一九一九年（一説には一九一八年）の大晦日《おおみそか》、ペンション兼居酒屋「ボゴミロフ」のシェフが、オリジナルのサラダを作って客を喜ばせた。そのサラダは、プロレタリア階級を象徴するニシン、小作農民を象徴するジャガイモ、そして血と共産主義を象徴する真っ赤なビーツ（スビョークラ）を素材にしたものだった。

ウイットに富んだロシア人は、この料理に略称の名前をつけた。それは「排外主義と凋落《ちょうらく》はボイコットし殲滅《せんめつ》すべし」という意味の「ショヴニズム・イ・ウパドク・ボイコット・イ・アナフェマ」。それぞれの単語の頭文字を並べるとShUBA（シューバ）となる。これはロシア語で毛皮のコートを指し、「シューバ（毛皮のコート）をまとったニシン」と呼び親しまれるようになった。

では簡単にレシピを記すと、まず塩ニシンを二枚におろし、骨を抜いて細切りにする。次に、茹でたジャガイモ、ニンジン、ビーツを粗めにすりおろす。同時に生のリンゴもすりおろす。玉ネギと青ネギを細かく刻み、固ゆで卵をみじん切りにする。

下ごしらえがすんだら、あとは重ねて並べるだけ。平皿の上にニシンを寝かせて、玉ネギをのせてマヨネーズをぬる。その上にジャガイモを重ねてマヨネーズをぬり、第三層目に卵・ビーツ・ニンジンを重ねて、またマヨネーズをぬる。最後に、リンゴの層を重ねてマヨネーズをぬって、周囲に青ネギをふりかけると、紫・ピンク・オレンジ・黄・緑色のカラフルな毛皮のコートをまとった貴婦人のようなニシンが誕生する。高カロリーの野菜、脂肪分の多いニシンとマヨネーズは、寒いロシアの冬を乗りきるには打ってつけだ。まさに、その意味においても毛皮のコートと同じ役目を果たすサラダなのだ。

歴代ソ連書記長・ロシア大統領の大好物

ジョークを読むと、ソ連歴代書記長・大統領のそれぞれ異なる個性が見えてくる。

◆レーニンがクレムリンのトイレに入ると、こんな落書きがあった。「レーニンのバカ」。レーニンは

ロシア

野暮が嫌いな大国で愛される農民料理と宮廷料理

落書きした資本家に対し、革命を起こした。

◆スターリンがクレムリンのトイレに入ると、こんな落書きがあった。「スターリンのバカ」。スターリンは、清掃責任者を処刑した。

◆ゴルバチョフがクレムリンのトイレに入ると、こんな落書きがあった。「ゴルバチョフのバカ」。ゴルバチョフは落書きをレーガン米大統領に見せた。

◆エリツィンがクレムリンのトイレに入ると、こんな落書きがあった。「エリツィンのバカ」。エリツィンは酒に酔っぱらっていて、まったく気づかなかった。

◆プーチンがクレムリンのトイレに入ると、こんな落書きがあった。「プーチンの人殺し」。プーチンは「プーチン」という文字を「チェチェン人」と書きかえて、トイレを出て行った。

また、彼らがどんな料理を好んで食べていたかを知ると、それぞれの気質や人となりがさらによく見えてくる。

最初は、ロシア革命を成しとげたレーニン。彼の父親は物理学者にして教育者。研究が認められ、新たに貴族となった。息子のレーニンは中高等学校を主席で卒業し、思慮深く、頑固で強情で妥協しない性格に育った。だが、意外にも人生や政治へのこだわりは多分にあっても、食へのこだわりはなかった。

のちにレーニン夫人は回想録『レーニンの思い出』の中で、夫は夜は牛乳かヨーグルトを飲み、朝は卵を食べ、夫人が作るニシン料理やパイを喜んで食べたことを明かしている。また、どんな料理が好きかと訊ねても要領を得なかったり、しかも自分が何を食べたかさえ覚えていない、食に無頓着な人だった。ただし故郷のウリヤノフスクは有名なビールの産地だったことや、長年ビールの本場ドイツで亡命生活を送っていたことで、ビールへのこだわりだけはあったという。

次は、独裁者スターリン。彼は劣等感の裏返しで権力への執着が異常に強く、不寛容で冷酷、おまけに猜疑心《さいぎしん》が強かった。彼がやった大粛清の犠牲者数は五〇〇万とも七〇〇万とも言われる。

出身地のグルジアは文明の十字路で、ヨーロッパ・中東・西アジアから料理が伝えられ、塩漬けチーズ、スパイシーなスープ、肉料理、質の高いワインなどで知られる。母親が料理人だったこともあり、そんな環境で育ったスターリンは旨いものには目がなく、とりわけクルミソースで鶏を煮込んだサツィヴィや串焼きのムツヴァディというグルジア料理を好んだ。また、生のタラを凍らせて紙のよ

ロシア

野暮が嫌いな大国で愛される農民料理と宮廷料理

うに薄くスライスし、溶けかかったところをマリネにするストロガニーナをよく食し、生きたタラをクレムリンに空輸した。酒はほどほどに嗜《たしな》んだが、やはり望郷の念が強く、グルジア産のワイン「ツィナンダリ」「テリアニ」を愛飲していたという。

三人目は、スターリン批判、米ソの雪解け、宇宙開発を推し進めたフルシチョフ。激情家の彼は、国連総会の場で脱いだ靴で机を叩いて抗議したこともあった。氏の性格は、粗暴、猪突猛進《ちょとつもうしん》、瞬間湯沸かし器という表現で評された。

ワイルドでエネルギッシュな彼は、肉が大好きで、いつもビーフステーキを食べていた。だが、それ以上に好きだったのが、キビと肉の脂身で作るコサック料理「猟師風の薄粥《うすがゆ》」だった。

四人目は、チェコスロバキアの民主化〝プラハの春〟を戦車で押しつぶし、中国と国境紛争を引き起こし、アフガニスタンに侵攻し、「停滞の時代」を招いたブレジネフ。晩年はろれつが回らず、顔はむくみ、足はふらつきながら、勲章で身を飾り、貪欲な虚栄心の塊のようだと揶揄された。それでも国民の給料は一・五倍に増え、週五日制と三週間の有給休暇が認められたのは彼の功績だ。

懐かしき〝停滞王〟の好物は、魚介の白ブイヨンで煮込んだ川エビのスープ。忘れ去られていた古いロシア料理をクレムリンに復活させたのも彼の業績の一つだ。

五人目は、ペレストロイカ（改革）とグラスノスチ（情報公開）と新思考外交により民主化路線を打ち立て、その結果、ソ連を崩壊に導いたゴルバチョフ。良識があり知的で温和。合理的な考えを好む実務派。内に情熱を秘めた理想主義者の彼は、日本や欧米から最も信頼された。かたやロシア国内では、祖国を崩壊させ、外国にばかりいい顔をしたと不評を買った。

日頃、ダイエットを心がけていたゴルバチョフは贅沢を嫌い、職務外では普通の料理を適量食べた。朝食は主にカーシャ（お粥）で、日によって素材はソバの実、小麦、大麦、米、キビだったり、具にはキノコやベーコンを入れたりした。だがクレムリンを去ってからは、昔の面影がないくらい太ってしまった。

六人目は、ロシア連邦初代大統領のエリツィン。守旧派が起こした八月クーデターに抗戦し、民主化路線を断行したが、急速な市場経済の導入で経済は混乱し、国民生活は困窮。縁故政治がますます混乱を助長させた。というのは、氏の性格は単純で自制心が利かず、感情を率直に表す激情家。しかも飲んだくれで、いい加減。そのくせ自尊心と名誉欲は人一倍強い。欧米ではとんでもない男にしか見えないのだが、なぜかロシア人には破天荒で愛らしくドゥシャー（魂）のある魅力的な男に見える。酒に酔って橋から足を滑らせ、川に転落して失神したときは、謎の殺人未遂事件と騒がれたものだが、これもご愛嬌というものだ。

彼の好物は、牛の睾丸や野生動物。特に野生の豚の肉。訪日の際は、外国人は苦手な納豆やスズメの焼き鳥まで、何にでも好奇心を示してぺろりと平らげたという。

そして最後は、泣く子も黙るKGB上がりのプーチン。ソ連崩壊後、国土が縮小してしまったうえ、金融危機に打ちひしがれる国民の前に彗星《すいせい》のごとく颯爽《さっそう》と現れ、エネルギー政策の成功で経済を立て直し、オリガルヒ（新興財閥）を締め上げ、チェチェンのテロリスト撲滅に挑む。強気一辺倒の強力なリーダーシップは、ロシア人の誇りを刺激する。

愛国主義者のプーチンはロシア料理をはじめ、好き嫌いなく何でも食べる。肉か魚かの選択なら、釣りが趣味ゆえ魚を食べることが多い。だが、実は柔道八段の日本びいきで、日本料理が好物だ。そんな強面《こわもて》の史上最強の政治家は、甘いアイスクリームに目がないのだそうだ。

プーチン大統領の祖父はコックで、レーニンやスターリンのために食事を作ったことがあるというから、ロシアは世界一の大国とはいえ、案外世の中は狭いものだ。

チェコ

正式名称　チェコ共和国
首　　都　プラハ
面　　積　78,866km^2（日本の約1/5）
人　　口　1,055万人
主な宗教　キリスト教（カトリック）約10%、無信仰が約34.3%

世界で一番ビール好きな国民のおふくろの味

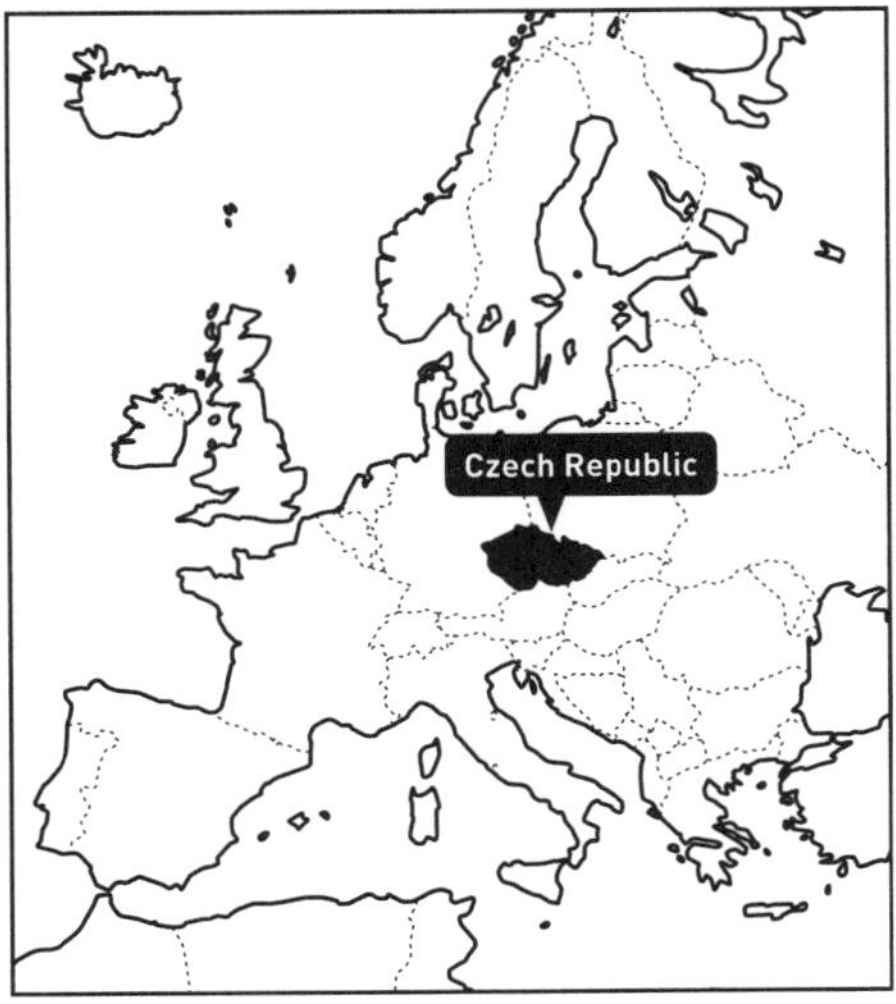

世界一ビールが好きな〝閉じた〟人々

チェコ人は、世界一ビール好きの民族だ。誠実で礼儀正しく、たまに口にする冗談は面白くない。しかもガラスのように繊細で神経質。どうでもいいようなことに、自分なりの強いこだわりがあって、重箱の隅をつつくような議論を好む。それでいて非常に誇り高く、受けた恩も非礼も、執念深くいつまでも覚えている。反面、おっとりしていて鈍感なところは愛らしくもある。ちょっと閉じた暗めのチェコ人の心を開くのは容易ではない。

しかし、そんなチェコ人と友人になる早道が一つだけある。それはビールを一緒に飲み交わすことだ。たとえ一杯目のビールでは口が重くても、二杯目、三杯目とジョッキを重ねるごとに、寡黙なチェコ人も次第に饒舌《じょうぜつ》となり、五、六杯飲む頃には意気投合しているはずだ。

ところで、ビールの起源については諸説あるが、紀元前八〇〇〇〜四〇〇〇年頃とされる。最初にビールを発明したのは、人類最古のメソポタミヤ文明を興したシュメール人で、粘土板に刻まれた「楽しみ、それはビール。苦しみ、それは遠征」という楔形《くさびがた》文字がその証拠の一つとされている。また、紀元前三〇〇〇年頃の古代エジプトの壁画にもビール造りの様子が描かれているうえ、「心底満たされた人間の口は、ビールで満たされている」といった格言風の言葉が残されている。さらに紀元前一七〇〇年頃の古代バビロニアには、現代のビアホールのような店があった。「目には目を、歯には歯を」で有名な『ハムラビ法典』には、ビールの販売についての罰則まであって、ビールを水で薄めて提供した者は、水の中に投げ込まれたという。

一方、チェコのビールの歴史に目を向けると、ボヘミア（現在のチェコの西部・中部地方）では、紀元前三世紀頃にこの地方に住んでいたケルト人が、自生の大麦を発酵させてビール造りをしていたという。一二九五年には、ポーランド王を兼ねたプシェミスル家のヴァーツラフ二世が、プルゼニュ（ピルゼン）の町に正式に醸造権を与えている。つまりビールは、古くからこの国の重大な産業だった。

次に、チェコのビールを語るとき避けて通れない、ピルスナー（プルゼニュ）・ビールの誕生秘話を紹介しよう。現在、世界で飲まれているビールは、ベルギーの一部で造られている自然発酵ビールのほかは、エールとラガーに大別される。

一五〜二四℃の常温で四〜五日発酵させて造るエールは、褐色で香ばしく、甘みのあるものからほろ苦いものまであり、旨味を味わうビールだ。かつてはホップを使用しない、ハーブやスパイスから造る醸造酒で、イギリスやアイルランドではお茶代わりに飲まれていた。発酵した泡が表面に浮かぶことから「上面発酵」と呼ばれ、炭酸ガスが少ないといった特徴がある。

他方、ラガーは一〇℃ほどの低温下で、数カ月かけて発酵を待つ。酵母が底に沈むことから「下面発酵」と呼ばれ、黄金色で炭酸ガスが多く、白い泡と爽快なのどごしに、すっきりした味が特徴で、日本人が飲んでいるのはこちらのラガーの方だ。

ラガービールはまったくの偶然の産物で、その歴史は一五世紀にミュンヘンの醸造所で初めて「下面発酵」ビールが生まれたのにさかのぼる。従来の醸造方法では、ホップを仕込んでも酸化して腐りやすかった。そこで気温の低い冬に仕込みをして、アルプスの天然の氷の洞窟で保管し、春に樽を開けてみたところ、褐色の泡立つビールが出来上がっていたという。

その後、一九世紀、チェコ西部のプルゼニュの町で新しい醸造所の建築計画が持ち上がった。このとき白羽の矢が立ったのが、ビール職人で建築家のマルティン・ステルサー。大任を受けた彼はさっそく旅に出かけ、ミュンヘンからラガービール職人のヨーゼフ・グロルを連れて帰ってきた。グロルが従来通りのやり方で醸造し、雪が解けて春になって樽を開けると、これまでとは違ったものができていた。グラスに注がれた液体は、見たこともないような透き通った黄金色で、しかも白いキメ細かな泡が立ち、スッキリしたのどごし、まろやかでキレのあるテイストに仕上がっていた。

グロルは、その異変の理由が水にあることを突き止めた。通常、ヨーロッパの水は硬質だが、プルゼニュの水はアルカリ度が低く、カルシウム含有量が少ない軟質だったことで、予期せぬ化学反応が起こったのだ。以来、町の名を取ってプルゼニュスキー（ドイツ語ではピルスナー）と呼ばれ、ドイツ経由で世界に知られるようになった。

チェコには町の数だけビール醸造所があると言われ、どの町にも自慢の味がある。そのうちボヘミア中部のチェスケー・ブジェヨヴィツェ（独語名／ブドヴァイス）のビールは、アメリカに渡って〝バドワイザー（ブドヴァイサー）〟の銘柄となった。また、中世のたたずまいがそのまま残る首都プ

チェコ

世界で一番ビール好きな国民のおふくろの味

ラハには、〝プラハの魂〟スタロプラメンがある。一八六九年の創業以来、フローラルな香りと甘みと苦みの絶妙なるバランスが、プラハっ子から愛され続けている。

ここで世界の「年間ビール消費量」を見ると、ビール大国のドイツは五位（八四四・一〇万キロℓ）で、一位が中国（四四八五・三万キロℓ）、二位が米国（二四一七・二万キロℓ）、三位がブラジル（一三一四・六万キロℓ）と、やはり大国が上位を占める。

だが「一人当たりの消費量」を見ると、チェコが一四二・六〇ℓで、二二年連続一位を死守している。ちなみに二位はセーシェル（一一四・六〇ℓ）、三位はオーストリア（一〇四・八〇ℓ）。四位はドイツ（一〇四・七〇ℓ）で、チェコが圧倒的な強さを見せている。（「キリンビール大学」二〇一四年レポート）

チェコ人はとにかくビールが大好きで、日本人のように日本酒・焼酎・ウイスキー・ワインなどという浮気な選択肢はない。職場から家路へ急ぐ人は立ち飲みで一気に飲み干し、時間のある人は馴染みの店にたむろして、気の知れた仲間とビールジョッキを傾けるのがチェコ人の至福のひとときだ。

プラハにはどんな路地にもビアホールがあって、ちょっとした食事もできるのがホスポダ、こぢんまりとビールオンリーの居酒屋がピヴニツァと呼ばれる。その中でもツーリストに最も人気のあるホスポダ「ウ・カリハー」は、チェコを代表する風刺作家のヤロスラフ・ハシェクとイラストレーターのラダが足しげく通った店だ。

ハシェクの代表作『兵士シュベイクの冒険』は、第一次大戦を面白おかしく皮肉った小説で、チェコがオーストリアに支配されていた時代、シュベイクは渋々戦争に駆り出された。お調子者の彼は「皇帝万歳！」と叫びながらも、生粋のチェコ人ゆえオーストリア皇帝に対する忠誠心などまるでない。上官に叱られても、天然ボケを演じながらのらりくらりと上手にかわしてゆく。純朴で嘘はつけず、狡猾に振る舞うこともできない愛すべき性格のシュベイクは、チェコ人気質と重なり合う。

〝軟派〟な「ウ・カリハー」とは対照的に、現地のチェコ人男性に最も人気のあるホスポダが、天文時計のある旧市街広場の裏手のフス通りにひっそりと建つ〝硬派〟の「黄金の虎（ウ・ズラテーホ・ティグラ）」だ。この店は、無血のビロード革命で共産主義を崩壊させ、チェコを自由化に導いて初代大統領に就任した故バーツラフ・ハベル大統領のお抱えの店だった。反体制派のリーダーとして何度も投獄されたハベル氏は、長年ビール工場の作業員としても働いていた。そんなこともあって、クリントン米大統領がチェコを訪問した折には、懐かしの「黄金の虎」へ招待したのだった。言ってみれば、銀座の高級バーや神楽坂の料亭ではなく、若い頃に通いつめた思い出の新宿のゴールデン街に誘ったような感じだろうか。

クリントン大統領も行った、最高のビールを飲ませてくれるホスポダという情報をどこからか聞きつけて、恐る恐る「黄金の虎」の門を叩く日本人ツーリストは少なくない。というのは、この店の客は現地人ばかりで、店員も含めて全員ビール腹をした不愛想な男ばかりという評判があるからだ。私も取材で一度この店を訪ねたことがあるので、その雰囲気はよくわかる。

まず開店は午後三時。だが開店前から、なぜか常連客が座っている。狭くて薄暗い店内には、木でできた簡素なテーブルと椅子が置かれていて、どのテーブルにも「リザーブ」の札があるのは、まんざら意味がないわけではない。というのは、ここの常連客は自分の家に決まった席があるように、いつもの自分の決まった席に腰かけるからだ。

メニューはないこともないが、メニューを見て注文する人は皆無だ。席に着くなり、〇・五ℓジョッキに注がれたピルスナー・ウルケルがドーンと目の前のテーブルに置かれる。微細な泡、絶妙な温度、さっぱりした飲み口、コクのある苦味、キレのあるのどごし、そして飲み終えた後の芳醇な香りと上品な麦の甘みは絶品だ。しかも一杯四〇コルナ（約二〇〇円／二〇一六年現在）と、ミネラルウォーターよりも安い。ジョッキを空けると、おかわりを注文していないのに、自動的に次のジョッキが目の前に置かれるのがこの店のシステムだ。そうして際限なく、空のジョッキが消えては、新たなジョッキが現われる。

おつまみは、ナッツ、チップス、それともカナッペ？　いやいや、チェコではそんなものは邪道だ。チェコの飲兵衛《のんべえ》は、おつまみなしにビールだけ飲む強者《つわもの》ぞろい。ジョッキの横にチーズやソーセージがあったら、それは一〇〇パーセント外国人と思っていい。

ちなみにクリントン大統領が食べたのは、「肉入りブランボラーク、キャベツサラダ添え」。ブランボラークはすりおろしたジャガイモから作る〝チェコ風お好み焼き〟といった家庭料理の定番だ。だが、しつこいようだが、アメリカ大統領とはいえ、チェコでは料理を食べながらビールを飲むのは邪道だ。

チェコのおふくろの味クネドーリキ

地図を広げると、チェコ共和国はヨーロッパのどまん中にあり、周辺をポーランド、ドイツ、オーストリア、スロバキアに囲まれている。スロバキアは長い間ハンガリー領だったため、料理は周辺国とハンガリーの影響を受けている。もっとも第一次世界大戦後にチェコスロバキアとして独立するまで、ボヘミアはハプスブルク帝国の一翼を担っていたから、料理のレシピに共通項が多いのは当然である。

しかしながら周辺諸国にはなく、チェコの食卓に必要不可欠なものと言えば、メインディッシュに添えられる小麦粉で作った茹でパンのクネドーリキだ。これはレストランでも、チェコ名物として登場する。

まずチェコのレストランでは、メイン料理：ローストポーク、ローストビーフ、グラーシュ（煮込み料理）、ウィーナー・シュニッツェル（ウィーン風カツレツ）、燻製肉、チキングリル、カモグリル、魚のグリルなどの中から選ぶ。次にサイドディッシュ：ボイルドポテト、フライドポテト、クネドーリキ、クロケット（ポテトの小さいコロッケ）、パン、ライスなどから選ぶ（メインだけで満腹になりそうならば、炭水化物のサイドディッシュは省いてもよい）。

ただし観光客用のレストランでは相性のよい組み合わせを用意していて、ウィーナー・シュニッツエルにはフライドポテト、魚のグリルにはボイルドポテト、ローストポーク（またはビーフ）にはクネドーリキが大抵セットで付いてくる。特にローストポーク（またはビーフ）には、ビーフシチューの具を抜いたような甘辛ソースがたっぷり添えられているので、クネドーリキにソースを浸して食すのが美味しさの秘訣だ。肉まんの皮のような、モチモチした食感が楽しめる。

左記にクネドリーキのレシピを紹介しておこう。

（二人分：薄力粉一五〇g、塩少々、ドライイースト一・五g、砂糖少々、ぬるま湯一〇〇cc）

①薄力粉に塩を入れ、ドライイーストと砂糖を混ぜ、ぬるま湯を少しずつ加えながら混ぜる。

②打ち粉を振った台の上に取り出し、生地を丸めたら、ラップをかけて暖かい場所で三〇分、約二倍の大きさになるまで発酵させる。

③生地を直径一〇センチほどの円柱形に形を整え、たっぷりの熱湯の鍋に入れて約二〇分茹でる。ひっくり返して、まんべんなく火が通るようにする。

④茹で上がったら、一・五センチほどに切って料理に添える。

チェコの家庭では、古くなったパンやジャガイモを入れることもある。残り物のパンは硬くて食べられないので、ここにはボヘミアの主婦の生活の知恵が生きている。ちなみに倹約家のチェコ人の女性は、見た目は静かでシャイな人が多いが、ビールを飲ませたらやはり底なしといった酒豪が多い。

ハンガリー

正式名称　ハンガリー共和国
首　　都　ブダペスト
面　　積　93,000km^2（日本の約1/4）
人　　口　990万人
主な宗教　キリスト教（カトリック39%、カルヴァン派12%）

ハイドンも愛した パプリカが決め手の郷土料理

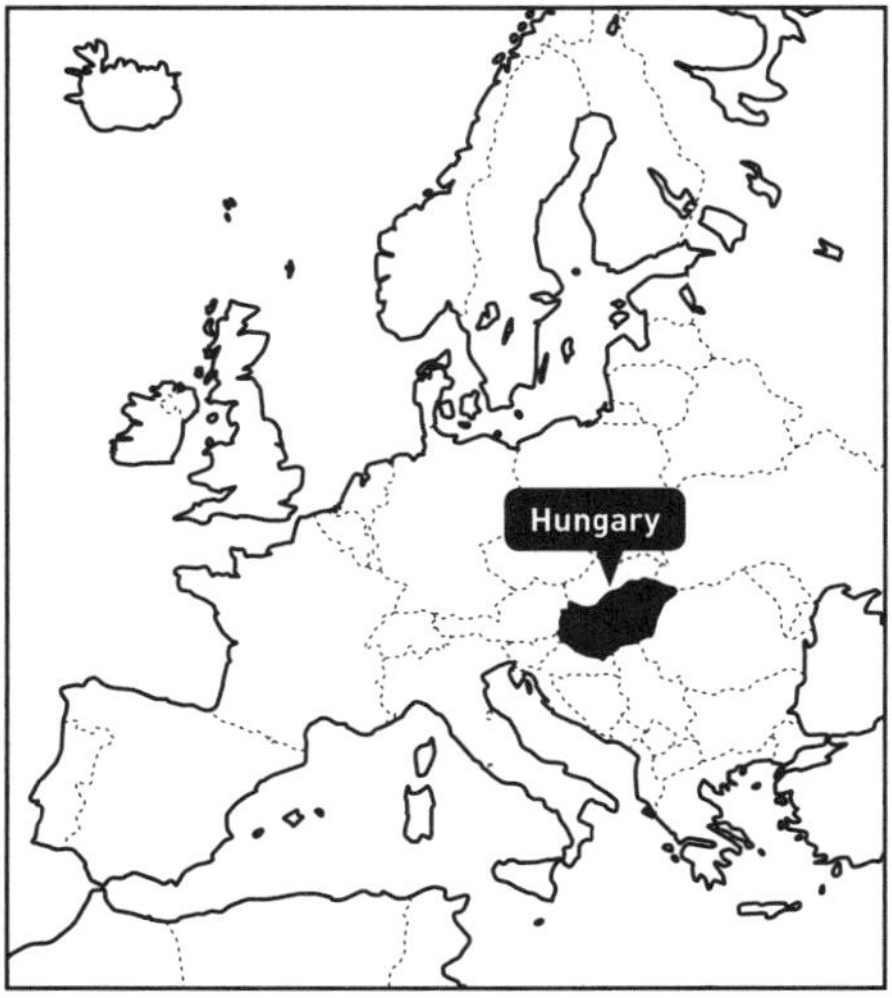

美味しさの秘密はパプリカ

ハンガリーの正式国名はマジャール・オルサーグ（Magyarország）といい、〝マジャール人の国〟という意味だ。といっても、ハンガリー語は発音がとても難しいので、日本人がカタカナ読みで国名を言っても絶対に通じない。「マジャール」ではなく「マギャール」に近く、「gya」は「ギャ」と「ジュ」の中間のソフトな音だとハンガリー人の友人からよく直された。

もともとマジャール民族はアジアをルーツとし、九世紀にカルパチア山脈を越えてハンガリー平原に定住し、一〇世紀末にイシュトバーン一世がキリスト教に改宗してハンガリー王国を建国した。周囲をスラヴとゲルマン民族に囲まれ、ヨーロッパで数少ないアジア系民族の国として生き長らえてきたのは、並み大抵の苦労ではなかった。よそ者には警戒心を解かず、家族や同胞のためなら惜しみなく尽くすハンガリー人気質は、長い歴史の中で培われたものだ。

そんなマジャール人の料理の基本となるスパイスは、パプリカからできた真っ赤なパウダーだ。パプリカとはピーマンのことで、日本ではわき役だが、ハンガリーでは野菜の王様とも言うべき特別なポジションを持つ。そもそもパプリカがなければハンガリー料理は始まらず、画竜点睛《がりょうてんせい》を欠いてしまうのだ。

パプリカは、コロンブスがヨーロッパにもたらした中南米を原産地とする野菜だが、ハンガリーで

ハンガリー

ハイドンも愛したパプリカが決め手の郷土料理

は一六世紀に品種改良がさかんに行われた。とにかく種類が豊富で、市場やスーパーで山盛りのパプリカの中から、料理や好みに合わせて選び出す。色は、深紅から赤・朱・オレンジ・緑・薄緑・黄・クリーム・白まで多彩で、形も先のとんがった細長いものから、小さいカボチャ型の丸くずんぐりしたものまでさまざまだ。味は「甘い（エーデシュ）」か「辛い（チーペシュ）」の二つに大別され、ハンガリーで暮らすにはこの単語が必須となる。「甘い」パプリカといっても実はそんなに甘くはないのだが、「辛い」パプリカの後ではなぜか甘く感じられる。

また、パプリカを乾燥させて粉にしたものが調味料のパプリカ・パウダーで、ハンガリーではこれにも「甘い」「辛い」の二種類があって、好みによって使い分けたり、両方を混ぜて辛さを調整したりする。何も表示していないものは、辛さを抑えたものだ。

ハンガリーを代表するグラーシュは、このパプリカ・パウダーが決め手となる。その昔、大家族制をとっていた頃、鉄製の大鍋で野菜と羊の肉をグツグツ煮て、みんなで食べたのが起源だとされる。そのときの名残で、東部のデブレツェンというところにはプスタ（大平原）が広がるが、ここではグラーシュを一人前頼んでも、優に三人前くらいありそうな鉄鍋で出てくる。

オーダーするに当たっては、ハンガリー料理の〝グラーシュ〟にはスープとメインディッシュの二種類があることを知っておくといい。前者は具だくさんの牛肉スープで「ハンガリー風ビーフのトン汁」といった感じだ。他方、メイン料理は玉ネギとニンニクのみじん切りを炒め、次にビーフ、お好みによっては最後にジャガイモやニンジンを加えてコトコト煮込む。味は違うが、「ハンガリー風牛肉の角煮」と言ったら、イメージしやすいかもしれない。いずれも仕上げの段階で真っ赤なパプリカ・パウダーが投入される。スープは辛め、メイン料理は辛さひかえ目だ。もし、どちらか一つを試すなら、スープの方がおすすめだ。これこそハンガリー料理のルーツであり、伝統と歴史を実感できる味なのである。

では、ここで少しパプリカの効能を記しておこう。日本でも昨今、「唐辛子（カプサイシン）ダイエット」で、〝食べて痩せるスパイス〟として知られるようになった。唐辛子はビタミンA、E、B_2、カリウム、鉄分などの栄養価が高く、ミネラルも豊富だ。そして、含有されるカプサイシンは脳や脊髄など中枢神経を刺激し、アドレナリンの分泌を引き起こす。また脂肪を分解する酵素リパーゼを活性化させる効果があり、脂肪の燃焼を促進する。しかも体温が上がり、発汗作用もあるので老廃物の輩出を促してくれる。ビタミンCの含有量はレモンの二倍以上あり、抗がん作用も期待できる。

そもそもパプリカから成分を発見し、ビタミンCと命名したのがハンガリー出身の生理学者セント＝ジョルジ・アルベルト（一八九三〜一九八六年）で、その功績によりノーベル生理学賞（一九三七年）を受賞している。

ハンガリーは人口約九九〇万という小国ながら、彼を含めてノーベル賞受賞者（アメリカなど他国籍を含む）を一二人も輩出し、特に物理学・化学・数学の分野で優れた能力を発揮している。そのほか、アメリカで研究した〝水爆の父〟エドワード・テラー、「原子核と素粒子の理論における対称性の発見」でノーベル物理学賞を受賞したユージン・ウィグナー、やはり原子爆弾開発に携わったレオ・シラードなど、みなハンガリー出身だ。

そのため、欧米ではハンガリー人が超人的な頭脳を有することを不思議がって「ハンガリー人宇宙人説」まで飛び出した。ある権威ある国際会議の休憩時間のこと。理解不能な言葉を使って語り合う、集団があった。初めて耳にする奇妙な音律は、とてもこの世の言葉とは思えない。実は、彼らは母国語のハンガリー語で話していたのだが、ほかの外国人にはまるで宇宙語のように聞こえたようだった。噂によると、ある日、宇宙船でほかの天体からやって来た地球外生命体がハンガリーに着陸し、そのまま人間として暮らすようになったということだ。

冗談はともかく、生理学的に分析するならば、ハンガリー人に優秀な人が多いのは、国民食のパプリカと何かしら関係があるのではないだろうか。今後の研究に期待したい。

エステルハージ家にまつわる音楽家とケーキ

もう二〇年も前のことになる。ウィーンからハンガリーへ車で引っ越してきた初日の夜、段ボールが山積みのアパートでは料理もできず、家族で近所のレストランへと出かけた。琥珀色《こはくいろ》のほのかな灯の中でジプシー音楽が鳴り響く店内は、古い映画のワンシーンのようだった。

軽快なヴァイオリンの調べの『ハンガリー舞曲第五番』は、小学校のころヨハネス・ブラームス作曲と聞いたが、実はハンガリーのケーレル・ベーラの〝チャルダーシュ（居酒屋風）〟と呼ばれる民俗音楽『バルトファイの思い出（Bártfai Emlék）』を基に編曲したものだ。

居酒屋やレストランで演奏されるハンガリー音楽は感情の起伏が激しく、哀愁に満ちたハンガリー人気質に満ちている。ハンガリー人の自殺率が非常に高いのは、ロマンチック、刹那《せつな》的、悲観的な性格からきているようだ。

このほかハンガリーは、バルトーク・ベーラやコダーイ・ゾルターン、〝ピアノの魔術師〟と呼ばれたリスト・フェレンツ（フランツ・リスト）など、世界的に名高い音楽家を輩出している。

ハンガリー人ではないが、マジャールの地を舞台に活躍した世界的な音楽家に、フランツ・ヨーゼフ・ハイドン（一七三二〜一八〇九年）がいる。オペラや、コミカルなオペレッタ、人形歌劇まで作品は約一〇〇〇にも上る。なかでも交響曲を多く残したことで、〝交響曲の父〟〝弦楽四重奏の父〟と称えられ、弦楽四重奏第七七番『皇帝』の第二楽章『神よ、皇帝フランツを守り給え』は、現在ドイツ国歌になっている。

このハイドンを三〇年にわたって支えたのが、ハンガリー最大の名門貴族のエステルハージ侯爵だ。最初に彼の音楽を深く理解し、優遇したのがエステルハージ・ミクロシュ公（ニコラウス）。

次に、一時はハイドンを解雇したアントン一世公。そして、やはりその優雅な音楽に魅了されたミクロシュ二世公と、親子孫の三代に仕えた。エステルハージ家は、オーストリアのアイゼンシュタットとハンガリーのフェルトゥードに宮殿を構え、訪れる王侯貴族たちにはハイドンが楽長を務める楽団の演奏が披露された。ＶＩＰの中にはマリア・テレジアもいて、女帝の宿泊した部屋が宮殿に残されている。

すでにハイドンは、ナポレオンがウィーンに侵攻した一八〇九年には楽団の長を退き、ウィーンの自宅で失意の中、亡くなった。一方、同年エステルハージ公はナポレオンにハンガリー王の地位に就くよう求められたが、ハプスブルク家への忠誠を選んだ。もし、そのときエステルハージ公が王冠に目がくらんでいたら……。ナポレオンの失脚とともに没落し、ハンガリーの運命も大きく変わっていたかもしれない。

同世代を生きた音楽家には、天才に恵まれながらも経済的には恵まれない人々がいた。貧乏暮らしの果てに謎の死を遂げたモーツァルト。やはり生活に窮し、聴覚を失って自殺まで思いつめたベートーヴェンしかり。それに比べて、ハイドンは安定した収入を得ながら思いのままに音楽活動に専念し、家庭生活も平穏で生前から正当な評価を得ていた。

そんな順風満帆に見えるハイドンだが、没後にちょっと奇怪なエピソードが残されている。オーストリアのフントシュトルム墓地に埋葬された一一年後の一八二〇年、ミクロシュ二世公は生前のハイドンの願いを叶えようと、エステルハージ家の宮殿があったアイゼンシュタットの墓地へ亡骸を移そうとした。ところが、なんとハイドンの棺《ひつぎ》からは頭部が消えていた。調査の結果、当時監獄所の所長だったヨハン・ペーターという人物が犯人として浮かび上がった。彼は、一九世紀前半に欧米で大流行したドイツ人医師による「骨相学」に興味を持ち、エステルハージ家の書記をしていたカール・ローゼンバウムと共謀し、ハイドンの死体から首を切断して自宅に持ち帰って研究材料にしていたのだった。
ハイドンの頭部が戻され、事件は一件落着したようだったが、その後もローゼンバウム家では夜な夜な唸り声が聞こえ、夫人を恐怖に陥れる不気味な怪現象が起こった。なぜなら、返されたハイドンの頭蓋骨は替え玉で、実はまだそこに保管されていたからだ。最終的にローゼンハイム家から本物の頭蓋骨が戻って、胴体と一緒にアイゼンシュタットのベルク教会墓地に埋葬されたのは一九五四年。ハイドンの死から約一五〇年後のことだった。

ところでエステルハージ家が後世に残した食の遺産には、ビーフ料理とケーキがある。メインディッシュのエステルハージ・ローストは、手間がかかるが肉の旨味がたっぷり味わえ、ハンガリー王を兼任したフランツ・ヨーゼフ一世夫妻も愛した料理だ。塩と黒コショーをまぶし、小麦粉でコーティングしたビーフ・エスカローペ（薄切り肉）をバター（またはラード）を敷いて軽く焼き、その後一七五〜二〇〇℃に熱したオーブンで焼き上げる。その間、肉汁の残ったフライパンに玉ネギのミジン切り、ニンジンの細切り、パセリを炒め、小麦を振りかけてクリームソースを作る。オーブンで焼いた肉を再びクリームソースのフライパンに戻し、一五〜二〇分間弱火で焼く。お皿に盛りつけたら、クリームソースにサワークリームとレモン汁を加えて出来上り。

もう一つのケーキは、中・東欧全域でエステルハージ・トルテの名で親しまれているもの。一〜二ミリのスポンジ・ケーキが一〇層ほど重なる間に、コニャックが隠し味のバタークリームとクルミの粉（またはアーモンド）の層がサンドされ、ホワイトチョコでコーティングした表面に、串で線を引いたようなチョコレートのラインが描かれている。上品なエステルハージ・トルテの装いには、高貴なハンガリー人の誇りが感じられる。

ハンガリー国民に愛された王妃シシィ

〝ドナウの真珠〟と称えられるハンガリーの首都ブダペスト。ドナウ川を挟んで対面する、宮殿のある高台の町ブダと庶民の町ペシュト（ペスト）が、一八七三年に合併してできた町だ。

町の両岸をつなぐ橋の一つに、ハンガリー王妃の名がついたエルジェーベト橋がある。第二次大戦のときにナチス・ドイツに爆破されて今は昔の面影はないが、一九〇三年に完成した当初はアール・デコ様式で、世界で最も美しい橋と謳われた。エルジェーベトとは、〝シシィ〟こと、オーストリア皇妃エリザベートのハンガリー語名だ。

公務に忙しい皇帝は、公私にわたって権力を持つ母親と宮廷のしきたりを嫌う妻の板挟みで、嫁姑のケンカには無力だった。シシィはノイシュヴァンシュタイン城で有名なバイエルン王家ヴィッテルスバッハ家の傍系の王女に生まれながら、父母のリベラルな教育方針のおかげもあって、南バイエルンの自然豊かなポッセンホーフェンの田舎で自由奔放に育った。それとは対照的にオーストリアの宮廷生活は不自由な鳥かごのようで、精神的に病んでゆく。そんな孤独にさいなまれたシシィの心を癒したのはハンガリーの大地だった。ウィーン王宮では、お付きの女性にハンガリー人を採用し、髪の手入れを受けながらハンガリー語をマスターしてしまった。

ウィーンでは公務を避けたシシィだが、ハンガリーの社交界には姿を見せ、ハンガリー語で楽しく語らった。ハプスブルク家からの独立を図ったハンガリー革命（一八四八年）の精神的支柱となった詩人ペティーフィ・シャーンドル（一八二三〜一八四九年）の詩をも原語で愛読するほどだった。そんなハンガリーびいきのシシィは、陰で亡命者たちに恩赦を与えるよう皇帝に働きかけたり、またオーストリア＝ハンガリー二重帝国を建国に導いた影の立役者と言える。

家族思いで自尊心が強く、独立独歩の気概を持ち、粘り強いが時に爆発するシシィの性格は、ハンガリー人の気質と重なり合う。抑圧された宮廷生活の中で自由を求め、常に自分自身であり続けたいと願ったシシィの心情は、当時ハプスブルク家の下、自治権のないハンガリーの人々と相通じるものがあったのかもしれない。

さてここで、諸国を旅し各地の名産を堪能して歩いたシシィのグルメぶりを紹介したい。シシィが愛した料理のリストの中には、ハンガリー料理が多く登場する。前述のエステルハージ・ローストのほか、パプリカーシュ・チルケ（パプリカ・チキン）、トルトット・カーポスタ（ハンガリー風ロールキャベツ）、プスタ・ポルケルト（大平原のシチュー）、バラトン湖やティサ川のフォガシュ（淡水魚）を素材にしたフライやハラースレー（フィッシュ・スープ）がある。

フィッシュ・スープのシシィ用レシピには、太陽王の異名をとるフランスのルイ一四が「王様のワイン、ワインの王様」と愛でた甘い食前酒のハンガリー産トカイ・ワイン（白）が、隠し味として記

ハンガリー

ハイドンも愛したパプリカが決め手の郷土料理

されている。だが、これらすべてのハンガリー料理の決め手は、やはりパプリカ・パウダー。辛いのに素材の味を損なわずに引き立てる、絶妙のハンガリー・テイストだ。

最後に、シシィの好物リストには載っていないが、ハンガリーに行ったらぜひ試してほしいおすすめメニューがいくつかある。まずは、大平原の町の名をとったホルトバージ・パラチンタ（クレープ）という、挽き肉とチーズをロールしたオーブン焼きの前菜。次に、通常は前菜かペーストでしかお目にかかれない高級なリヴァー・マーイ（フォアグラ）は、ハンガリーではグリル料理になっていて、日本のビフテキ以下の予算で味わえる。それとヒデグ・ジュメルチレヴェシュ（コールド・フルーツスープ）は、夏場限定のサクランボの冷たいデザートスープで、たっぷりホイップクリームをかけた爽やかな味が女性に人気だ。

苦難の歴史の中で多くの天才を生み出し、団体競技は苦手だが個人競技にはめっぽう強いと言われるハンガリー人気質は、料理にも生きている。オスマン帝国に支配され、オーストリア＝ハンガリー帝国の台所として存在感を示した人々は、料理の世界でも洋の東西を融合させ、自国流に昇華させてきた。この国で世界三大料理と言えば、フランス料理と中国料理、それにハンガリー料理。「山椒《さんしょう》は小粒でもピリリと辛い」、時に辛辣でうぬぼれが強いのもハンガリー人気質と言えるかもしれない。

セルビア

正式名称　セルビア共和国
首　　都　ベオグラード
面　　積　77,474km²（北海道とほぼ同じ）
人　　口　712万人
主な宗教　キリスト教（セルビア正教85%、カトリック6%）、イスラム教3%

正直で不器用な国民性とバルカン料理の謎

バルカン料理はなぜ同じなのか

こんなジョークのようなエピソードがある。

バルカン諸国から集った人々が一堂に会し食卓を囲んでいた。セルビア人が「郷土料理を召し上がれ」と、皆に振る舞った。その豆料理を前に、「これはうちの料理だワ」とブルガリア人が言うと、「いやいや、おらが故郷《くに》のもの」だとボスニア人が言い、「我が国の伝統料理だ」とアルバニア人が物言いをつけ、続いてマケドニア人までが自国の料理だと言い出した。最後にあご髭のトルコ人が「もともとトルコのものだよ」と一言。妙な沈黙が流れた。なぜなら、五〇〇年もの間バルカン諸国はオスマン帝国に支配されていたことを、一同が思い出したからだった。

そう、オスマン帝国（日本で通称オスマン・トルコ）は、一五～一六世紀にハプスブルク帝国の都ウィーンにまで陣を進めヨーロッパを脅かし、ハンガリーのブダペストをも制圧した。バルカン半島はすっぽりと領土に入り、トルコ料理が全域にもたらされた。二〇世紀にオスマン帝国が弱体化して、バルカン諸国が同盟を組んで戦って勝利する（第一・二次バルカン戦争）。トルコは引き揚げたが、料理だけは今も色濃くこの土地に根づいている。

「同じ釜《かま》の飯を食う」仲だったからか、バルカン諸国は多民族がモザイクのように暮らすが、個人主義の西ヨーロッパとは一線を画した、家族主義、面倒見がいい、お客を大事にするなどの共通点がある。

〃?〃という名のレストラン

セルビア人は正直で不器用。ストレートすぎて融通が利かないところもある。そんな性格は、日本人から見るとカワイク見えたり、ちょっとマヌケに思えたりすることもある。

もう二〇年も前の話だ。セルビア料理といえば、鮮やかによみがえるシーンがある。この街にやがて住むとは予想もしていなかった頃、私たち夫婦は友人と三人でベオグラードを訪ねた。

当時、六つの共和国からなるユーゴスラビア連邦の首都ベオグラードに到着し、頼りの日本語ガイドブックに一軒だけ載っていた〃?〃という名のレストランに入った。

店内には、年代ものの木製の丸テーブルに椅子。オレンジ色に光るランプは一九世紀からのものだろうか。これがドイツならば、環境に配慮したおしゃれなアンティークの店に見えるのだろうが、やはり冷戦時代のユーゴでは古さと無骨さだけが目についた。

渡されたメニューはセルビア語でわからない。そこで土地の代表的メニューを訊《き》くと、白いシャツ姿が清々《すがすが》しい若いボーイさんが、にこやかにジェスチャー交じりに教えてくれた。「これはグッドグッド！」「こっちはナンバーワン料理！」「これは絶対おすすめ！」と勢いに推されて言われるままに、三人は別々の料理を注文した。

この店の名前の由来を説明すると、大方こういうことだ。開店当初は、通りの向かいにある大聖堂にちなみ〝ドム（Dom／大聖堂）〟という名をつけたところ、教会から「けしからん」とクレームがついた。いくら考えても名案が浮かばず、困り果てた末に〝?〟とつけたのだそうだ。そんなガイドブックの記事を読みながら料理を待った。

「はい、お待ちどうさま！　召し上がれ！」。まもなく、丸テーブルいっぱいに三枚の皿が置かれた。見ると、形は違う挽肉のグリル料理がのっている。一つは丸くて厚さ五ミリくらいの平たいハンバーグ、二つ目はハンバーグを直径一・五センチ長さ一〇センチくらいの棒状にしたもの。三つ目は平たいハンバーグに、やはり直径一・五センチで長さ一〇センチくらいの棒状のハンバーグ＋ソーセージとポークの焼肉。あとで判明した料理名は、プリェスカヴィッツァ（Pljeskavica）、チェパプチッチ（Cepapcic）、メッシェノ・メソ・サ・ロシュティリャ（Meseno meso sa rostilja）だった。

似ているのは見た目だけかも、と気を取り直して食べ始めた。いろんな料理を味わいたいと、三人で料理を取り分けて試してみた。三人はほぼ同時に言葉にならないため息を漏らした。「ふ〜ん」。友人は美食家の血が流れるフランス人だ。一つ目と二つ目はまったく同じ食材と味で、形だけが違う別名の料理。三つ目はこの二つの料理のほかに、いくつかの肉をミックスしたグリルだった。

「セルビア料理って、ほとんどみんな同じなの？」。私たち三人の頭の中には〝?〟が点灯していた。その誤解が解けるまでには、それから数年の歳月がかかった。

王家の名を冠した名物料理

料理には郷土愛が込められている。セルビア人は愛国心が強く、一見シャイだが、仲よくなると何でもない話題を長々と講釈できる特技を持っている。常に大国に翻弄されてきたせいか自国の民族を大事にする思いと、逆に自虐的な面もある。あるとき、セルビアの自慢料理を囲んで民族の歴史を拝聴したことがある。

一般に、セルビア料理はロシュティリ（Roštilj）が多い。英語訳はバーベキューとなっているが、普通は鉄板で焼いた料理のことだ。その代表は前述したプリェスカヴィッツァやチェパプチッチだが、さらにシンプルに豚・鶏・牛から肉の種類を選び、焼いて塩・コショーしたものが、メインディッシュのメニュー欄に書き連ねてある。

肉が安くて美味しいセルビアでは、手を加えて調理するよりも、焼くのが一番美味しいというのは理解できる。けれども、〝料理〟を味わいたい日本人には、何かほかのものはないのか、というときに出合ったのがカラジョルジェヴィッチ・シュニッツェル（カツ）だ。

キツネ色の衣にナイフを入れると、ロールに巻かれた肉の中からジュワーッとチーズがとろけ出る。サクサクッとした食感の衣の奥にある柔らかい肉の旨味とチーズのまろやかさがからまりあって口に広がる。

「このカツのカラジョルジェって、何のこと？」

「セルビア王家の名前だよ」

簡潔な一言。これで納得だ。

「そもそも、このカラジョルジェっていうのは、本名はジョルジェ・ペトロヴィッチと言ってね、一九世紀初めオスマン・トルコ相手にセルビアが立ち上がったときのボスなんだ」

そこから解説が始まった。

「セルビアは〝コソボの戦い〟以来、オスマン帝国に四〇〇年も支配されてただろう。そんで、ついに蜂起したんだけどね。あ、それ以前にはね、一四世紀の半ば、ステファン・ドゥーシャンの時代には、アドリア海からギリシャの方までずっ〜とセルビアの領土だったんだよ。ヨーロッパの中でもすごく文化水準が高かったんだ。まだまだほかの国なんか野蛮でね。セルビア人がフォークとナイフ使ってた時代、フランス人は手づかみで食事してたんだよ」

「つまりね」。まったく短くなっていない説明をかいつまんですると、次のようになる。

カラジョルジェは、最後はライバルのオブレノビッチに暗殺されるが、二人をリーダーとした第一次と第二次セルビア蜂起でトルコを駆逐する。カラジョルジェの息子のアレクサンダルはセルビア公国の君主となり、孫のペータル一世は第一次大戦後にセルビア人・クロアチア人・スロベニア人王国の国王に収まる。その息子のアレクサンダル一世は、新たにユーゴスラビアと改称された国の王位に就くが、マルセイユで暗殺されてしまう。

父王を亡くしたとき、息子のペータル二世は一一歳だったため、叔父のパブレ公が代わりに摂政に就いた。第二次世界大戦中、軍は幼少のペタル二世を担ぎ出し、英国軍の後押しでクーデターを起こし、前政権を転覆させてペタル二世が王位に就いた。だが、それも束の間。ナチスが侵略し、ペータル二世は母方の曾祖母ヴィクトリア女王の故郷のロンドンに亡命する。

「まあユーゴスラビアをめぐっては、イギリスとドイツが後で駆け引きしていたんだよ。その頃、摂政だったパヴレ公は、ナチスの言い分をのんで講和しようとした。ベオグラードの中央郵便局の立派なビル、あそこをナチスが占拠していたんだ。ナチスの勢力をバルカンから追い出したいイギリスは、クーデターの後押しをしてパヴレ公を追放し、ペタル二世に近づいてロンドンへ誘って、亡命政府をつくらせようとしたんだ」

ペータル二世の息子誕生秘話は、ロイヤルファミリーを大切にするイギリスらしいはからいがあった。本来、王位継承権は「ユーゴスラビアで誕生した者」にしかなかった。すでに王政は廃止されて共産主義体制に変わり、王家の者は入国できない。思案の末に考えたのが、「出産の日だけ国王一家が暮らすホテルの一室をユーゴスラビア領とする」といった苦肉の策だった。そこで生まれた男の子は王位継承者（王太子）で、アレクサンダルと名づけられた。

アレクサンダル王太子は二〇〇〇年に里帰りが許され、ベオグラードの白宮殿（ベロ・パラス）でロイヤルファミリーとして暮らしている。

ようやく演説が終わったところで、「このカツは何の肉？」と質問が出た。「王家の創始者のカラジヨルジェはね、豚肉屋だったんだよ」。せっかくひとしきり終わった話題が、また振り出しに戻ってしまった。

クロアチア

正式名称　クロアチア共和国
首　　都　ザグレブ
面　　積　56,594km²
人　　口　428万人
主な宗教　キリスト教（カトリックが約9割）

ジブリ映画の舞台で食される肉とシーフードの2大潮流

数奇な運命をたどった多文化融合の国

アドリア海沿岸の町ザダール出身の友人がロサンゼルスに留学したとき、出身はクロアチアだと国名を言っているのに「じゃあ、ドブロヴニクから来たのね」と返された。そのアメリカ人が、完全に国と勘違いするほど〝ドブロヴニク〟は有名な町だ。

日本では宮崎駿監督のアニメ映画『魔女の宅急便』や『紅《くれない》の豚』の舞台になったことで人気が高いドブロヴニクは〝アドリア海の真珠〟と謳われ、世界遺産にも登録されている。そんなこの世のパラダイスがある国の食を語るには、まず国の成り立ちから説明する必要がある。

ブーメランのような形をした国土は、ハンガリーの南に隣接する内陸側と海岸線を縦断するアドリア海地方の二つの顔を持っている。西暦一〇〇〇年頃に内陸側のクロアチアと、セルビアと国境を接するスラボニア、これに海岸線のダルマチアの三つの地方を合わせて、クロアチアという国ができた。その後ハンガリー王に支配されたが、一五世紀の初めにはハンガリーと一緒にオスマン帝国領に組み込まれる。のちにハプスブルク帝国が勢力を巻き返し、第一次大戦前にはオーストリア＝ハンガリー二重帝国の一角を担った。第一次大戦でオーストリアが敗れて帝国が崩壊すると、「セルビア人・クロアチア人・スロベニア人王国」（のちのユーゴスラビア）として独立を果たした。

そんな数奇な運命をたどるクロアチアの中で、ドブロヴニクという地名がひとり歩きするのは一四世紀半ばのことで、ここを中心にラグーサ共和国が独立し、海洋貿易で栄華を極めた。ずっと歴史をさかのぼると、古くはギリシャや古代ローマ帝国の領土となり、七世紀にはスラヴ人とアヴァル人が襲来。その援軍として駆けつけたビザンティン帝国の支配を受けたのは、七〜一二世紀のことだ。その後は一時ヴェネツィアの軍門に下ったこともあるが、一九世紀にはナポレオン軍の侵攻を許し、フランス領事が置かれていたこともあった。

こうした歴史の移り変わりの中で異なる文化を吸収しながら、ドブロヴニクはしたたかに生き抜いてきた。赤レンガ屋根と石造りの古い町並みを歩いていると、一瞬どこを歩いているのかわからなくなる。白亜の真四角の時計台や鐘楼、アーチ状に円柱が並ぶフランチェスコ修道会のクリーム色の回廊は、ヴェネツィアのサン・マルコ広場の風景によく似ている。

ベネツィアに聖マルコがいるように、ドブロヴニクにも守護神聖ヴラホ（ブラシウス）がいる。毎年二月三日は、聖人の聖遺物を四人の男性が押し戴き、民俗衣装や当時の兵士のいでたちをした行列が町を練り歩くフェスティバルが一〇世紀の昔から続いている。

聖ヴラホは四世紀に殉教したアルメニア出身の司教で、実際この地に赴任したことはない。だが守護神として祀られてるのは、こんな言い伝えからきている。九七二年のある夜中、当時この町を含めたラグーサ共和国のストイコ司教が寝入ったとき、枕元にヴラホ司教が現れ、「ヴェネツィア軍が襲撃してくる」と夢のお告げがあった。おかげで、ロクルム島近くに停泊して隙を伺っていたヴェネツィア軍を撃退し、国は守られたのだった。

肉料理とシーフードの2大潮流

一口にクロアチア料理とは言っても、バルカンやハンガリー料理に影響を受けた肉料理が主流の内陸部と、海の幸を使ったアドリア海沿岸のダルマチア料理の二つに大きく分類される。

そのため、一般家庭の料理を見れば、その家族の来し方や性格はおのずと想像がつく。肉料理を好む家は、オスマン帝国またはハプスブルク帝国に支配された内陸部の人が多い。この家系はハンガリーの下で妥協したり、はたまたセルビアと丁々発止でやりあってきた。なかなかの外交上手で交渉術にも長けている。祖国や自国の民を思う愛国心は人一倍強く、家族に対しても何がなんでも守ろうという責任感と愛情にあふれている。

他方、ダルマチア地方は気候も温暖で外国人観光客も多いため、ヨーロッパでは〝野蛮〟や〝未開の地〟と考えられているバルカン半島にいることを忘れてしまう。夏場は、観光客向きに、ホテル・エステ・レストラン・カフェ・娯楽施設・土産物店・海の家・貸しボート・遊覧船・ブティックなど、ありとあらゆる業種がにぎわいを見せる。

ダルマチアの人々は、世界でも美しいと評判のアドリア海の大海原を眺め、贅沢な海の幸を食べ、夏場だけ働いて、あとの半年以上は仕事もせずに暮らしてゆける。そんなのんびりした生活がオープンな性格、南国風のちょっといいかげんな気質を育んだ。またロマンチスト、夢想家、寂しがり屋で

クロアチア

ジブリ映画の舞台で食される肉とシーフードの２大潮流

もある。海のような広い愛情と厳しさも持ち合わせている。ゲストにはあくまでも親切で大切にもてなすが、反面、他者を寄せつけない閉鎖的なところもあるため、親しくお付き合いする仲になるには時間がかかる。

そんなアドリア海沿岸の街では、やはりシーフード料理がおすすめだ。前菜にはエビ・イカ・カルパッチョを盛り合わせたシーフードサラダや、オリーブオイルとバジルの効いたオクトパス入りポテト・サラダ、ムール貝の白ワイン蒸し。メインには、イタリアンなら一つめのプレート（プリモ・ピアット／primo piatto）となるイカスミのリゾット（ツルニ・リゾット／crni rižot）やシーフード・パスタもいい（他のバルカン半島の国では、パスタは茹ですぎなのであまりおすすめしないが）。

メニューに出ている魚の種類に迷ったら、ボーイさんがプレートにのせて持って来てくれる。スズキのような白身魚、サバ、鯛、金目鯛、サーモン、イカなどから好きなものを指さして選べばよい。値段表は大抵一キロ当たりで表示されているので高そうだが、一匹二五〇〜三五〇グラムとして換算すればよい。塩を振ったグリルがサーヴされ、添えられたレモンをしぼっていただく。

さてもう一つ、旅人はめったにお目にかかれない〝ダルマチア料理の女王〟の異名をとる郷土料理のパスティカーダ（Pasticada）を紹介しておこう。牛肉の塊に、ニンジン、ベーコン、白ニンジンのスティックを指し、玉ネギ、ニンジンのスライスを一緒に赤ワインに浸して一晩寝かす。肉だけを取り出して、大鍋で周囲に焦げ目をつけ、残った野菜を入れてグツグツと約二時間半煮込む。スパイスには塩・コショー・ナツメグ・ローズマリー・オレガノなどを振りかけ、最後の仕上げは、お好みによりケチャップやリンゴ・オレンジの汁を入れる。肉を取り出したら、野菜はドロドロのソース状になるまで溶かす。この手の込んだ究極のスローフードのスパイスや隠し味は各家庭ごとに微妙に異なり、秘伝の味を競い合っている。

夏も終わりに近づいた九月のこと、海岸線をドライブしながらドゥブロヴニクを訪ねたことがあった。アドリア海の蒼い海と潮風に吹かれ、海の見える高台のレストランでシーフード料理を堪能した。内陸の国ではめったにメニューにのぼらないエビやタコに思わず感動して、前菜やら、貝のワイン蒸し、グリルのサーモンなどをいただいた。オーダーする前に、チーズや生ハムの盛り合わせ、イタリアのスティックやペーストが出てきた。シーフードには白ワインが合うと、すすめられるままに地元産をグラスワインで頼んだ。ボトルではないから、そんなに値がはらないだろうと。さてさて、十分に食事を堪能した後に出てきたお会計の額にビックリ。二名で想定の三倍の額一〇〇ユーロ（一万三〇〇〇円）を超えていた。それにチップの一〇%を乗せる。この憧れの地に一泊しようかとホテルを探すと、なんと三〇〇ユーロもする！　いやはや、ここはクロアチアの相場とはかけ離れた〝独立国〟扱いだったのだ。日暮れまでに宿を探そうと気にしながら、すたこらさっさと隣国の国境へと車を走らせた。

ボスニア・ヘルツェゴビナ

正式名称　ボスニア・ヘルツェゴビナ
首　　都　サラエボ
面　　積　51,000km^2
人　　口　388万人
主な宗教　イスラム教が44%、キリスト教（セルビア正教33%、カトリック17%）

オシムの故郷で振るまわれる絶品の田舎料理

トルコが淵源の慈悲深いムスリムの料理

サラエボは、どこか哀しい街だ。

ロケットのように先の尖ったモスクの塔が多いのでイスラム教の国かと思ったら、街を歩けばカトリック大聖堂やユダヤ教寺院、セルビア正教会などが混在する。戦争の銃弾の痕が痛々しいビルがある一方で、モダンなガラス張りのショッピングセンターや大きな広告用大型スクリーンが目を引く。

トンカントンカン。旧市街の一角「メインの市場」という意味のバシュチャルシアには、金属細工の親方がハンマーを叩く槌音《つちおと》や、カフェからトルコ・コーヒーの香り、フンニャラフンニャラとコーランの勇ましい声が響きわたる。ヨーロッパでありながらアジア文化の薫りに満ち、足を踏み入れた旅人を一瞬で虜《とりこ》にしてしまう。

それでいて、なぜか感じるこの重苦しさは、土地が持つ〝業〟からくるものだろうか。サラエボは、二〇世紀の初めと終わりに起きた戦争で、世界史にその名をとどめる。

第一次世界大戦が勃発《ぼっぱつ》したのは、オーストリア皇太子夫妻がオープンカーに乗って街の中心付近にあるラテン橋のたもとをパレード中、セルビアの一青年が至近距離から銃撃して暗殺したサラエボ事件を発端とする。

ボスニア戦争では、同じ街に同居する民族同士が戦った。ムスリム人（ボシュニャック人）、クロアチア人、セルビア人はもともとルーツは同じ南スラヴ人だが、過去に支配された国の宗教や文化の違いから、いつしか民族として区別されていったにすぎない。ムスリム人といっても、オスマン帝国支配下の一五～一九世紀にイスラム教に改宗した人々のことで、民族として認められたのはチトー大統領の時代になってからだ。

また、ボスニアの公用語は、ボスニア語、クロアチア語、セルビア語とされているが、これはユーゴ時代にセルボ・クロアチア語と言われたほぼ同じ言語で、東京弁と関西弁ほどの違いもない。基本単語に「j」が入る「イェカヴィッツァ／jekavica」という形が一般的な法則で、たとえば、セルビアでミルクを意味するMleko（ムレコ）はMljeko（ムリェコ）となる。どことなく語尾が「～べ」や「～っぺ」という日本の方言をイメージする。山がちな国のボスニア語が柔らかく訛《なま》って聞こえるのは、日本で言えば〝東北弁〟に近い響きがある。

ところで、現在サラエボで最大の民族であるムスリム人の家庭では、オスマン帝国時代から引き継がれる古い生活様式が残っている。初めてサラエボの友人宅を訪ねたとき、畳に丸いちゃぶ台のある昭和三〇年代の日本の家屋が懐かしく思い出された。大抵ヨーロッパでは靴を脱がない習慣だが、ムスリム人のお宅では日本のように玄関で靴を脱ぎ、布製のスリッパや内履き用サンダルに履きかえる。もちろん裸足でもいいが、冬ならば「風邪をひくよ」とおばあちゃん手づくりの厚手の毛糸編みソックスをすすめられる。居間の中央には低いテーブルがあり、アラビアンナイトにでも出てきそうなアラベスク模様のカーペットが敷かれている。ソファも置いてあるので腰かけてもいいし、楽な姿勢で直にカーペットに座ってもいい。

ここで必ずお客に振る舞われるコーヒーは、粉をフィルターで濾《こ》さないトルコ・コーヒーで、日本酒のおちょこより一回り大きいカップに、ジャズベという柄の長い柄杓《ひしゃく》と一緒に出てくる。添えられた角砂糖はコーヒーには入れずに、そのままかじる。舌の上で砂糖が溶けてしまわないうちにコーヒーをちびりちびりと飲む。それがボスニア（ムスリム）式コーヒーの伝統的なお作法なのだそうだ。

しかしトルコ・コーヒーの作り方は、簡単そうで意外と難しい。まず、粉はフィルター・コーヒーよりも細かい粒子上の粉を使用する。スプーン山盛り一杯をジャズベに入れて火にかけ、香ばしい匂いがしたら、いったん火から下ろしてカップの分量のお湯を注ぐ。もう一度火にかけ、グツグツとお湯が沸騰し、泡があふれる寸前で火を止める。トルコ・コーヒーが美味しく淹《い》れられるようになったら「いいお嫁さんになるよ」と、太鼓判を押される。このほか、お湯にコーヒー粉を入れるやり方や、途中で水を足したり砂糖を入れるなど、家庭によっていろいろなこだわりがある。

今ではトルコ・コーヒーはボスニア・コーヒー（ボサンスカ・カファ）と呼ばれるようになったが、ムスリム人の生活はトルコ文化を基本とする。食事も同じで、バルカン全土で食されるトルコを淵源《えんげん》とする料理が、ボスニアの伝統料理でもある。ロールキャベツのサルマ、肉と野菜のごった煮のドルマはトマト風味の肉じゃがといったふうだ。ロシアの民芸品のマトリョーシカ人形のように、小ぶりの玉ネギの皮を一枚一枚くりぬいて、中に挽肉を詰めたソガンドルマはお正月に欠かせない、いわばボスニアのおせち料理の一種でもある。

ボスニア・ヘルツェゴビナ

オシムの故郷で振るまわれる絶品の田舎料理

旧ユーゴの中で、ボスニアのムスリム人に最もオスマン帝国の文化が受け継がれているのは、ここが交通の便が不自由な山間部の孤立した村社会だったせいもある。隔絶した場所で暮らす人々は伝統を重んじ、純朴で心温かい半面、よそ者には警戒心が強い。だから口が重く無愛想と思われることもある。アジア的で家族愛が強く親族の絆も深いので、何かにつけて女性たちが総出で料理の支度に追われることになる。昭和の日本の田舎でも冠婚葬祭のときには、親戚や隣近所の主婦は当たり前のように駆り出されたものだった。

そんなムスリム人の精神性を探るには、ボスニア出身のノーベル賞作家イヴォ・アンドリッチの小説『ドリナの橋』が参考になる。当時は〝デウシルメ（血税）〟と呼ばれる制度があって、ボスニア（バルカン）の少年がトルコの首都に連れて行かれた。そこでトルコ式の軍隊教育を受けたのち、長じて地元に赴任する者もいた。オスマン帝国の軍人として故郷に錦を飾る息子と相まみえて、家族はイスラム教に改宗する。また、なかにはトルコ人に従って利権を得ようという目的で改宗した利に聡《さと》い人間もいた。

だが、ムスリム人となった大半の人々は狡猾《こうかつ》に立ち回ったというよりも、どこにも逃げ場のない山間の地でいかに生き伸びるかを考えた末の究極の選択だったに違いない。いささか飛躍したたとえではあるが、天下分け目の関ヶ原の合戦を前に小さな藩の大名が東軍の徳川方につくか、あるいは西軍の豊臣方につくかを迫られたようなものかもしれない。歴史の常として、民は誰しも平和を望んでいても、なす術もなく大きな惨禍に巻き込まれてしまうことがある。

ボスニアの民もできれば支配者側のトルコ人と衝突せずに、とがめられずに平穏に生きたいと願っていた。その証拠にムスリム人は自らをトルコ人に同化したとは思わず、ボスニア人としての確固とした矜持《きょうじ》があった。そのため料理もトルコのものだけでなく、独自の料理を生み出している。スパイスを混ぜた挽肉を五センチほどの棒状に丸め、こんがり焼いたチェバブチッチがそれだ。チェバブチッチの「チェバブ」とはトルコの肉料理ケバブからきたもので、「チッチ」はボスニアでは小さいものに付ける語尾だ。つまり小さなケバブという意味だった。

イスラム教では『コーラン（聖典）』で豚肉を食べることを禁止しているため、チェバブチッチの材料は牛挽肉（または羊の合挽肉）が使われる。ちなみにイスラム教徒が豚肉を食べない理由は、ヒンズー教徒が牛を神聖化して食べないのとは反対で、豚は不浄な動物と考えられていて、主に感染症予防のためだった。

今では、チェバブチッチはボスニア周辺諸国の伝統料理になっただけでなく、バルカン半島から多くの移民がドイツなどに移り住んだことで、この料理はヨーロッパ全土に広がりを見せている。だが、国によってはサイズが大きくなったり、豚や鶏肉が使われたりする。時に海外のレストランではケチャップが添えてあることもあるが、これはいかにも邪道で、食べる前から気がそがれてしまう。本場の味はスパイスが決め手で甘さは不要だ。

サラエボの旧市街にある小さなチェバブチッチ専門レストランでは、ソムンというホカホカの丸型パン半分にチェバブチッチがサンドされ、玉ネギのみじん切りにサワークリーム付きで出てくる。バ

ボスニア・ヘルツェゴビナ

オシムの故郷で振るまわれる絶品の田舎料理

ルカンのあちこちの国で食べ比べてみたが、スパイシーで口あたりのいい味といい、ふっくらと柔らかな歯ごたえといいサラエボのものが最高だ。

ボスニアにはもう一つ、町の名前を冠した〝サラエボピータ〟という代表的な料理がある。ピータとはパイのことで、パン屋さんにも売っているが、お母さんが手軽に作ってくれる家庭料理であり、お婆《ばあ》ちゃん世代なら職人並みの技を持っている。小麦粉をこねて練る動作は、手打ちうどんの要領で、生地の仕上げが腕の見せどころだ。

平たい円盤状の小麦粉のかたまりが空に舞ったかと思うと、腕の立つ剣術使いか、はたまた熟練のマジシャンのような手さばきで、長い棒で受けてくるくる回す。小麦粉の生地は遠心力で、棒のまわりをひらりひらりと絶妙なバランスでまとわりつきながらゆっくりと広がってゆく。最後はヒラリとテーブルに着地すると、一ミリ以下に伸びた生地がテーブル全体を覆っている。それを適当な大きさのシートに切って、その上から挽肉をまばらに散らし、巻き寿司の要領で細長く巻いたのちにトレーに並べてオーブンで焼く。具材は、ジャガイモ、マッシュルーム、ホウレンソウなど、何でも立派なパイに変身する。リンゴやカボチャ、ティクヴィッツァという瓜のような野菜は、砂糖を振りかけて巻けばスイーツになる。

このパイ生地を自分で作るのは大変なので、袋入りのものがスーパーで売っている。ある日、サラエボピータにヒントを得て、炒めた挽肉とキャベツを入れて油で揚げてみたところ、美味しい春巻きが出来上がった。日本の食材や調味料が手に入りにくい不自由な国に暮らしていると、そんな小さな発見でも食生活に広がりが出る。

いつだったか粉雪の舞うサラエボを訪ねた。その日は、淋しそうな目をしてリヤカーに揺られて行く山羊と何度もすれちがった。訳を訊ねると、イスラム教の犠牲祭（イード・アル＝アドハー）で、家畜を生け贄《にえ》とすることでアラーの神に感謝を捧げるのだという。屠《ほふ》った肉は貧しい人に三分の一、ご近所に三分の一、そして残りの三分の一を自分の家とに等分する。最近は、ムスリムと聞くとテロと関連して怖いイメージを持ってしまいがちだが、ボスニアのムスリム人は温和で親切なうえ、慈悲深いのだった。

「ドナ・ドナ・ド〜ナ・ド〜ナ〜」なぜか、この歌が自然と口をついた。

マケドニア

正式名称　マケドニア共和国
首　　都　スコピエ
面　　積　25,713km²（九州の約2/3）
人　　口　211万人
主な宗教　キリスト教（マケドニア正教が約7割、イスラム教約3割）

旧ユーゴで一番の料理上手
郷土バーガーのアイデンティティー

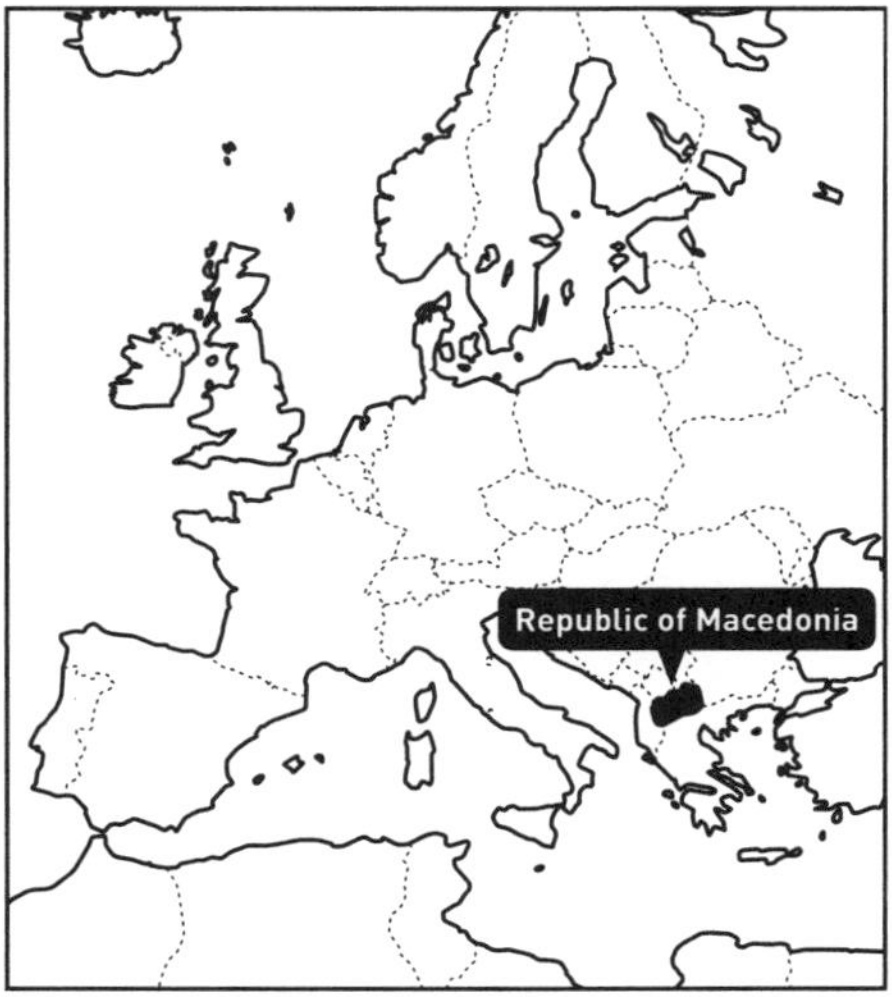

〝良貨が悪貨を駆逐する〞国のおもてなし料理

マケドニアってどんな国？

そう訊かれて、おそらく日本人が思い出すのは、〝アレクサンダー大王（アレクサンドロス三世）〞という古代マケドニア王の名前くらいのものだろう。

「日本人が九九パーセント行かない」というコンセプトのTVバラエティー番組で、未知の国マケドニアへ取材班をアテンドしたことがある。この国の日本的なモノ・コトを、ほとんど行き当たりばったりで探して、潜入取材・撮影してゆく旅ドキュメンタリー紀行だ。

まず首都スコピエのメイン広場に行くと、音楽に合わせて踊る噴水の上に、二二メートルもある巨大なアレクサンダー大王の騎馬像が現れた。向かいには父のフィリッポス王の像、傍らにはスコピエ近郊生まれのビザンティン帝国ユスティニアヌス一世（在位：五二七〜五六五年）の像もある。見れば、モダンなショッピング中のギャルを模した像や、国家独立の偉人やら川に飛び込む女性像などあっちにもこっちにも像だらけではないか。橋の欄干の立像も合わせたら一〇〇体にも届きそうな、あまたの群像。

だが、これには理由がある。像は国のアイデンティティーの象徴だ。旧ユーゴスラビアから独立する際に「マケドニア共和国」と名乗ったところ、隣国ギリシャから猛反発が起こった。なぜならシー

マケドニア

旧ユーゴで一番の料理上手　郷土バーガーのアイデンティティー

ザーやナポレオンも憧れ、歴史に燦然《さんぜん》と輝くアレクサンダー大王が率いた古代マケドニアは、もともとギリシャにあったからだ。エジプトやシリアを征服し、中央アジアからインドまで遠征した世界統一の偉業は、ギリシャ人の誇りなのだ。お宅の〝マケドニア〟は古代マケドニアとはまったく別ものと主張するギリシャが、国連に「待った！」をかけた。一方、独立を承認してほしいマケドニアは、「マケドニア旧ユーゴスラビア共和国」という国名でしぶしぶ承諾した。

国名だけではない。一六本の黄色い太陽光をあしらった古代マケドニアの象徴〝ヴェルギナの星〟をデザインしたマケドニアの国旗にもクレームがついた。仕方なく、マケドニアは大日本帝国陸軍の旭日旗《きょくじつき》とよく似たデザインに変更。実際、日本の旭日旗をまねてデザインしたとの話もある。

それでも当のマケドニア人は、自分は古代マケドニアのアレクサンダー大王の末裔《まつえい》と信じて疑っていない。だからこそ誇り高き民は、偉人の像を街に造って静かにアピールしたいのだ。「我が国こそが、マケドニアなのだ」と。誰からも認められないやるせない憤り、寂しさ、強烈な自負心がパリにも引けをとらない凱旋門《がいせんもん》「ポルタ・マケドニア」を建造した。そのうえ街中の省庁や博物館などはバロック様式や新古典主義でリニューアルし、通りをロンドンのルートマスターに似た赤い二階建てバス（ただし中国製だが）がひっきりなしに走り抜ける。

首都スコピエは、さながらディズニーランドばりの〝ヒストリーランド〟に様変わりしてしまった。そのため首都を様変わりさせたこの都市計画「スコピエ２０１４」にかかった費用は、当初の予算八〇〇〇万ユーロをはるかにオーバーし、二億ユーロ超へと膨れ上がった。だが庶民の暮らしは厳しい。

それゆえ、一部で予算は建物や像の建設にではなく、市民の生活や福祉にあてるべきだというデモが起こった。

それから数年たった今、道行く人々は「長い間、マケドニアは他国の支配が続いたから、ようやく独自性を出せた」「像や建物は国の誇り」と概して好意的な反応を示す。マケドニア人はどんなに貧しくても、自己のアイデンティティーが欲しいのだ。そんな人々は、「武士は食わねど高楊枝《たかようじ》」といった古い日本人的な気質を持っている。

話をTV番組の取材に戻そう。「日本らしいもの」「日本に関係するもの」……、とつぶやきながらキョロキョロしていると、すっかり日の落ちた校舎の一角に灯が漏れている。日本語らしきかけ声に引かれて吸い込まれるように入ってみると、白い道着をまとった一〇名ほどの人々が合気道に汗を流していた。

後日、そこで知り合った合気道二段の女性トレーナーAさん宅で、寿司パーティーをすることになった。信じ難いことに、日本とは縁のないスコピエ市内の大手スーパーには寿司用の板海苔《いたのり》や日本の醤油も置いてある。まったくの余談ではあるが、マケドニア語に翻訳された村上春樹《むらかみはるき》の『1Q84』も野菜売り場のそばの書棚に並んでいた。

寿司作りには米の良し悪しが重要なポイントになるが、その点、マケドニアのご飯は美味しい。日本を代表する「コシヒカリ」や「秋田こまち」に当たるのが、マケドニア東部でとれる「コチャニ」米だ。一般にヨーロッパ人が好む「ロング・グレイン・ライス」は細長く、パラパラしていてまとま

マケドニア

旧ユーゴで一番の料理上手　郷土バーガーのアイデンティティー

らず、にぎり寿司やおにぎりには適さない。食に関して、マケドニアがヨーロッパの中で最も日本的だと思うのは、丸みを帯びた粘り気のある「ショート・グレイン・ライス」に属するこの国の米が、日本産に形も味も食感も似ているからだろう。

Aさんとお母さんは、瓶詰めのアンチョビやキャビア、ツナ缶、卵、キュウリなど、マケドニアで手に入る材料を駆使して、嬉々としてにぎり寿司や巻き寿司を作ってくれた。わさびの代わりにマスタードやマヨネーズをかけたマケドニア風寿司はなかなかのものだった。

ところで、旧ユーゴではマケドニア料理が一番美味しいと評判だ。その秘密を訊いてみたら、意外な答えが返ってきた。マケドニアは旧ユーゴの中では貧しい共和国だったため、高価な肉類は都会へ、そしておエライさんのところへと流れていった。そこで一般庶民は、あまり肉を使わないで作れる料理を工夫したのだという。ヨーロッパでは、肉や魚を使わないメイン料理というのはめずらしい。

ところで、マケドニアはいつ行っても天気が良い。それもそのはず。年間二八〇日は晴天だというから、天候には恵まれている。そのうえ福島県と秋田県を合わせたほどの大地は肥沃《ひよく》で、立派な野菜や果物が育つ。とりわけトマトは子どもの頃に食べた味と匂いがする。そんな自然の食材に恵まれたこの国では、米や豆を使った料理が多い。

たとえばマケドニアの伝統的な郷土料理に、タヴチェ・グラヴチェ（Tavče gravče）がある。自宅に招かれて食事をご馳走になるような場合、必ずと言っていいほどこの料理が出てくる。

作り方を説明すると、最初にインゲン豆に似たライ豆という白い豆を洗って、最低三時間ほど水に浸しておく。豆を煮ているお湯の中に、玉ネギ・ニンニクのみじん切り・唐辛子を入れ、オリーブオイルを注いで塩を振る。その後は一五〜二〇分ごとに、豆が柔らかくなるまで辛抱強くかき回す。これと並行して、フライパンに玉ネギとニンニクのみじん切り・パプリカパウダー・塩・コショウ・オリーブオイルを入れてよく炒める。フライパンの中身と鍋に入った具をお湯ごと一緒に、風合いのある茶色の土器に入れてかき混ぜる。最後に、この豆スープ状の液体を二二〇℃に設定したオーブンに入れて三〇分。パプリカパウダーのきれいなオレンジ色に染まった豆から香ばしい湯気が立ち上る。

この国の料理に欠かせない土器は、見た目が美しいだけでなく、実際のところ土器に入れて焼くと豆が型くずれしないうえ、そのまま食卓に出せ、しかも料理が冷めにくい。料理を大切にするマケドニア人の知恵の結晶とも言えそうだ。

このようにタヴチェ・グラヴチェひとつとっても、かなりの手間がかかる。しかし、この国の人々は客人のためなら労はいとわないホスピタリティに富んでいる。〝おもてなしの国〟日本のさらに上を行く美徳が、まだここには残っている。

次に紹介するのは、メイン料理以上に骨が折れる特製ペースト、アイヴァール（Ajvar）だ。旧ユーゴやバルカン地方ではどの国にもあり、瓶詰でスーパーや市場に並んでいるが、マケドニア産がイチオシだ。マケドニアでは冬場に野菜不足にならないようにと、秋晴れの日曜日に姑、母、娘の家族三代の女性たちが一日がかりで瓶詰作業にいそしむ。この国では、かつて日本がそうだったように女性は家事にしばられる。

マケドニア

旧ユーゴで一番の料理上手　郷土バーガーのアイデンティティー

アイヴァールを作るに当たって、オーブンで焼いた赤パプリカを細かくペースト状にし、お好みで玉ネギやガーリックのみじん切りを入れるのは、他の旧ユーゴ諸国も同じだ。ただ、そこにフェタチーズ（羊や山羊の乳から作る白いチーズ）を砕いて混ぜることで、少しピンクがかったオレンジ色をしたまろやかな味に仕上がる。この国のフェタチーズはクセがなく、塩分控えめな分、アイヴァールはマイルドだ。

これをパンにつけて食すのだが、自然な甘みの中にピリッと辛いパプリカが効いていていてクセになる味だ。このアイヴァールとマケドニア人気質は少し似たところがある。すなわち、全体的にはおっとりしていて自己主張しなさそうだが、時に意固地で絶対に譲らない頑《かたく》なさを見せる。とはいえ、女性は料理上手で無口でしっかり者。日本ではすでに死語となった良妻賢母の鑑《かがみ》のような女性を見かけることがある。

おしまいは、不屈のマケドニア人魂が垣間見れるハンバーグにまつわるエピソードを一つ。マケドニア共和国が独立後、〝世界のマクドナルド〟が首都スコピエに二店舗できた当初、市民はこれでようやく世界の仲間入りが果たせたと喜んだ。

だが、アメリカからやって来た噂のハンバーガーは、直径一〇センチほどのパサパサのバンズに薄いビーフパティとピクルスが挟まれているだけの代物だった。がぶりと口にほおばる豪快さは不要で、歯ごたえもないうえ味も淡白。こんなに小さいのに、なぜかお腹がふくれる。しかもいくらたっても腐らない。「何か特殊な化学物質でも入っているのか?」とマケドニア人は囁き合った。

一方、伝統のプリェスカヴィッツァは挽肉にスパイスを入れ、こねて丸くしたハンバーグ。マケドニアに限らず、バルカン地方ではどこでも見られるグリル料理だ。ここマケドニアでは、切れ込みを入れた丸い大きなパンの間にプリェスカヴィッツァと、トッピングとしてサラダ菜、トマト、玉ネギ、それにフライドポテトまで挟んだボリュームたっぷりのものを〝ハンバーガー〟と呼ぶ。ハンバーグのパティは二五〇グラムの大判で、直径は一五センチもある。

「悪貨が良貨を駆逐する」のが世の経済原則であるが、マケドニアでは逆だった。美味しい、安い、安心の三拍子そろった郷土のハンバーガーが、巨大資本をバックに鳴り物入りでアメリカから入ってきたマクドナルドをとうとう閉店に追い込んだのだ。

歴史上、近隣諸国に支配され、ようやく一九世紀末に「マケドニア人のためのマケドニア」をスローガンにVMRO（内部マケドニア革命組織）が発足し、民族自立の気運が高まった。それもつかの間、第二次バルカン戦争に敗れたオスマン帝国が撤退すると、マケドニアは隣接するセルビア、ブルガリア、ギリシャに分割。大国の思惑で、国境は何度も線引きし直された。そんな苦い歴史の教訓と、決して大国には屈しない内に秘めたる民族の誇りがあったればこそ、マケドニアのバーガーはマクドナルドに打ち勝ったのだった。

トルコ

正式名称　トルコ共和国
首　　都　アンカラ
面　　積　780,576km²
人　　口　7,874万人
主な宗教　イスラム教

なぜ、トルコ料理は世界三大料理の一つになったのか

サバサンドVSドネルケバブ

世界の三大料理と言えば、フランス料理、中国料理、そしてトルコ料理ということになっている。この三国とも食通の王や皇帝が料理人の腕を競わせ、宮廷料理として発展したものだ。

アジアとヨーロッパが交差する国、トルコ。ここでヨーロッパ人はアジアを感じ、アジア人はヨーロッパを感じるという。であればアジア人もヨーロッパ人も、それぞれトルコ料理にも懐かしさを覚えるのかもしれない。とはいえ、実際には〝シシケバブ（シシカバブ）〟くらいは知っていても、ほかのトルコ料理の名前はちょっと出てこない。

だが、もしイスタンブールを旅したことがある人なら、サバサンドの名前くらいは思いつくかもしれない。トプカプ宮殿、ブルーモスク、グランドバザールとともに、エキゾチックな街の観光名所の一つになっているのが金角湾。このボスポラス海峡に隔てられた旧市街と新市街をつなぐのがガラタ橋だ。橋は上下二層の構造で、上は車道と歩行者道。下はレストラン街になっていて、サバサンド屋の舟は橋にぴったりと寄り添う形で商売している。

イスラム教寺院から響く甲高いコーランの声と、一見こわおもての人々の喧騒《けんそう》に交じって、海の風に乗って運ばれてくるサバを焼く香ばしい白い煙が食欲をそそる。注文に言葉は不要で、人差し指を一本立てると、半分に切ったバケットを開いてサバ一匹を丸々挟んでくれる。備え付けのボトルはレモン汁で、たっぷりとサバにかけてかぶりつく。このレモン汁のおかげで、魚臭さが消え、新鮮なサバを爽やかな味に引き立てている。ヨーロッパとアジアの狭間に立って、潮風に吹かれながら頬張るサバサンドの味は格別なものがある。

サバサンド以外でトルコを旅する人の思い出に残るのは、有名なトルコ・コーヒーではなく、むしろチャイ（紅茶）の方だろう。というのは、親日的なトルコ人は日本人を見るや「コンニチハ」「フレンド」と親しげに近寄ってきて、チャイをご馳走してくれるからだ。

だが、イスタンブールの街中で「お茶を」と誘われたら、十中八九は絨毯《じゅうたん》屋の客引きであると思ってよい。トルコ人がヨーロッパで一番親日的なのは本当の話だが、片言の日本語で会話を楽しんだ後に行きつくのは絨毯屋で、突然目の前に色とりどりの絨毯が披露され、山のように積み重ねられる。ほんのチャイ一杯のつもりが、帰るときには断り切れずに買う気もなかった絨毯をまとめて日本に発送する手続きを済ませていたなどという話は尽きない。

チャイは、トルコ人の語学力、人なつこさ、ホスピタリティー、粘り強さ、強引さ、天性の商売人魂を垣間見れる特別な飲み物なのだ。トルコのチャイ（またはアップル・ティー）は、腰がくびれた小さなグラスに注がれ、ミルクもレモンも入れない砂糖入りのものだ。ポットは二段重ねで、上には紅茶の葉を入れたお湯、大ぶりの下のポットにはお湯だけが入っている。時間がたつとチャイがどんどん濃くなるので、おかわりの際には左右の手にポットを持ち、チャイとお湯を交互に注いで調整するためだ。

さて、トルコ料理で世界的にヒットしているものと言ったら、やはりドネルケバブだろう。ヨーロッパの国々でサバサンド屋は見かけないが、ドネルケバブ屋のない国は少ない。

〝ドネル〟とは〝回転〟の意味で、牛肉や鶏肉を太い軸に巻いて高さ約七〇センチ、最大直径三〇センチほどの肉の塊にし、回転させながらこんがり焼き上げる。表面をナイフでそぎ落とした薄切りの肉を丸いハンバーガー用のパンか、ナンのようなピタパンにクレープの要領で挟む。これにキャベツ・トマト・玉ネギなどの野菜を入れて、特製ドレッシング・ソースをかけると出来上がり。手軽で安くて栄養のバランスもあるので、若き貧しき頃オーストリアのウィーンに語学留学していたときに出会ってから病みつきになった。

ヨーロッパでは、特にトルコ人移民の多いドイツにたくさんの店舗があり、首都ベルリンではドイツの国民食ソーセージを追い越す勢いだ。近年、日本でも東京を中心にドネルケバブの店が見られるほか、イベントの屋台も人気上昇中というのは東京がいよいよ国際都市になった証《あかし》と受けとめたい。

トルコ料理が〝世界三大料理〟になったわけ

トルコ料理を第一級の料理に昇華し、世界に広めたのはオスマン帝国の力によるものだ。そのためトルコ料理を知るには、オスマン帝国の歴史について少々学んでおく必要がある。

トルコ最大の都市であるイスタンブールが世界史に登場するのは、西暦三三〇年。ローマ皇帝コン

トルコ

なぜ、トルコ料理は世界三大料理の一つになったのか

スタンティヌス一世（在位：三〇六〜三三七年）が、ギリシャ人の植民都市だったバルカン半島の最東端ビザンティオンに遷都し、この町がコンスタンティノープル（コンスタンティンの町）と呼ばれるようになってからのことだ。

その後三九五年にローマ帝国は西と東に二分され、コンスタンティノープルはビザンティン帝国（東ローマ帝国）の都として引き継がれた。つまり、この土地にはキリスト教文化を基調とするヨーロッパ文化が息づいていて、ヨーロッパ文明の源となる古代ギリシャやローマの流れをくむ南ヨーロッパの料理が食されていた。

そんなところへ中央アジアをルーツとするオスマン朝の第七代メフメット二世が、ビザンティン帝国の都を陥落させて住みついたのが一四五三年。一〇〇〇年の歴史ある町は、そのままオスマン帝国の新しい帝都イスタンブールとしてイスラム文化に塗りかえられてゆく。

かつて騎馬民族だったトルコ民族は、羊の毛から衣服を紡ぎ出し、乳をしぼって飲んだほか、ヨーグルトやチーズの乳製品を作り、肉を食べ、最後は皮から衣服も作った。当時から大家族制が基本のトルコ人は、限られた食材の中で質素な生活を営んでいた。

一五世紀のオスマン朝最古の年代記によれば、ご馳走といえば昔ながらのケバブ（焼肉）くらいのものだった。宮廷の食卓も比較的簡素で、昼と夕の二回。真夏は夜食が加わり、三回の食事。夕食はスープと肉のメインディッシュ。デザートには甘いパイ菓子のバクラバか、ムハッレビというご飯のプディングが付くのが定番だった。

ところがイスタンブールに拠点が移ってからは、食卓が豊かに変わってくる。かつて歴代の君主たちは家族同然の重臣たちと同じテーブルで食事をしていたが、メフメット二世以降は、臣下たちとは別に食事をとるのが慣例となった。

オスマン帝国の繁栄は、宮廷の台所の仕入れ台帳にも見てとれる。帝国の領土は、アジア・アフリカ・ヨーロッパの三大陸に拡張し、地中海・インド洋・シナ海・紅海・黒海・アラビア海をおさえ、広大な領内の各地から野菜やフルーツのみならず、小麦や魚介類が運ばれた。黒海からは〝黒い宝石〟キャビアなどの豊かな食材、当時は金銀と同価値の塩、エジプトからは米・砂糖・香料、イエメンからはコーヒーがもたらされた。

一八世紀末になると、宮廷の晩餐会では五〇～六〇種もの料理が食卓に並ぶようになり、訪れた外国の大使たちにトルコ料理がご馳走された。外国人の招待客たちは、初めて味わう料理の数々を堪能し、自国に伝えたに違いない。ケバブと呼ばれる焼肉料理、ロールキャベツのルーツでキャベツやブドウの葉で巻くサルマ、ナスやパプリカに挽肉・米を詰めたドルマ、トルコ風ピザのピデ、ヨーグルトとバターソース付きの水餃子マントゥ、挽肉団子キョフテ、トマト・ナス・挽肉・ジャガイモを煮込んだムサカ、米のプティング、煮豆、ピータ（パイ）、パイにナッツを挟んだ激甘菓子バクラバなどなど。西ヨーロッパに影響を及ぼし、中国やアジアとも関連性のある料理は少なくない。

たとえば白米をバターで炒めてからスープで炊くピラフもトルコ発祥の料理だが、これには鶏肉や野菜入りもあり、日本の炊き込みご飯に似ている。このピラフは、イェニチェリというスルタン（君主の称号）直属の常備歩兵部隊が、三カ月ごとの給料支給日に参内したときにスープとともに振る舞われた料理でもある。

イェニチェリたちはおのおのマイスプーンを持ち、普段は白い頭巾に飾りのようにスプーンを差していた。グループのボスは、約一メートルも柄のある大きな柄杓型スプーンを背中に担ぎ、出陣したときには大鍋からスープを分け与える役目を担っていた。いわば、スプーンはイェニチェリのトレードマークだった。このいでたちから、オスマン帝国軍が戦いにおいて食事をいかに大事にしたかがわかる。これは食事が用意されると迅速に食べ、敵が攻めてくるとさっさとスプーンをしまって戦闘を開始できる戦いに適したスタイルであった。

ところでトプカプ宮殿の第三の中庭の奥には財宝室があり、その横に食料室があった。このことから人々の命をつなぐ食料を財宝のように大事に扱うという考えが、盤石な帝国を築く根本にあったことがうかがわれる。

また、アフメット三世の食堂は後宮（ハレム）の庭に面した部屋で、台所は一般用とスルタン専用のクシェ・ハネがあった。今も宮殿の台所には、当時数千人もいた宮廷職員たちや御前会議に集まる官人たちの食事を作った大鍋がたくさん残されている。

ユネスコ無形文化遺産になった料理とコーヒー

トルコ料理のケシケクをご存じだろうか。結婚式や雨乞いなど特別な儀式のときに供される料理だが、一家や隣近所の人々が総出で歌い踊るなどのユニークな準備段階も含めて、二〇一一年にユネスコ無形文化遺産に選ばれたスケールの大きな鍋煮込み料理だ。

まず、大きなたらいや細長い屋外の洗い場の溝に小麦（または大麦）と水を入れ、女たちが軽快な歌を口ずさみながら裸足で麦を踏む。次にそれをシートに敷いて、天日で干して丁寧にモミガラを取り除き、水を加えて一晩寝かす。翌朝、小麦を臼《うす》に入れ、三、四人の男たちがチームを組んで、歌いながら順番に杵《きね》を振り下ろしてつく。大勢で日本の餅《もち》つきをやるような光景だ。やがて楽団までが登場し、笛や太鼓を鳴らす中、水をたたえたドラム缶型の大鍋の薪に火がくべられる。お湯が沸いたら、肉（牛・羊・鶏・ガチョウなど）とニンニク、そしてつきあがった餅状の小麦（または大麦）を入れ、ぐつぐつと煮る。このとき大鍋の中身を舟の櫂《かい》のような巨大な木製のヘラを使って、男たちが変わり番子に歌いながら舞うようにかき混ぜる。

出来上がったら家長の祈りに唱和し、全員がテーブルに着く。一族の儀式では洗面器のような器に盛られた料理が、おのおの男性のテーブル、女性のテーブルのまん中に置かれる。このとき銘々が小皿によそわずに、和食ではご法度とされる直箸《じかばし》ならぬ直スプーンで食べるのが習わしだ。日本には

「一つ（同じ）釜の飯を食う」という諺があるが、さらにその上を行くトルコの伝統的なお作法だ。ケシケクの皿を囲むときは、アラーへの感謝の祈りがあり、尽きない談笑があり、手を取り合って歌い踊る老若男女の姿がある。もともと一族の人間関係が濃いうえ、共同作業を成しとげた達成感からより固い団結が生まれる。ケシケクは、トルコ人の暮らしの基盤である家族愛を結晶させた料理とも言える。

さて、トルコのもう一つのユネスコ無形文化遺産になっているのがトルコ・コーヒーだ。フィルターで濾さないオリジナル・コーヒーは、オスマン帝国の領土だったバルカン半島周辺だけでなく、広く東欧でも飲み親しまれてきた。トルコ・コーヒーにはフィルターやエスプレッソ・コーヒー用の粉でなく、もっと細かく挽いたコーヒー粉を使う。やはり、豆を挽くには電動ミルでは味気ない。コショー挽きのような真鍮《しんちゅう》のトルコ・コーヒー専用ミルを手回しし、水を入れた鉄製のジャズベという柄杓のような小鍋に、コーヒー粉とそれと同量の砂糖を入れて火にかけ、一煮立ちさせた後、デミタス・カップか小ぶりの取っ手のない容器に注ぐのが本式だ。事前に砂糖の好みを聞かれ、甘さを調整してもらうこともできる。

トルコではコーヒーは貴重だったので、特別なお客様をもてなすときにだけ出され、むしろチャイの方が日常の飲み物としてはポピュラーだった。

ところでトルコは迷信や呪術の多い土地柄なので、〝コーヒー占い〟が二一世紀の現代にも受け継がれている。イスタンブールを旅すると、「Fal Evi（占い館）」という看板が目につくベイオール地区があるが、ここではコーヒーを飲んでからが本題の始まりだ。まず、コーヒーの上ずみを飲み干したら、カップにソーサーで蓋をして時計回りに三度回し、一気に逆さまに伏せる。約一五分後、コーヒー粉が乾いたら、カップを開けて将来を占ってもらう。

カップの底に残ったコーヒーの粉が丸く満月の形を作っていたら「ビジネスも、家庭も、恋も……、何事も円満に行く」。

半月だったら、「協調性を持って周囲の空気を読んで」のサイン。

三日月ならば「物事が後手に回っているので要注意」。

新月ならば「多難の相」。

ほかにも、人・花・豆・動物などの模様に見立てて、コーヒーカップの底を覗きながら未来を予測する。

「一杯のコーヒーにも四〇年の思い出」という、トルコの諺がある。四〇という数には具体的な意味はなく、漠然と多いことを言う。つまり、「一度コーヒーをごちそうしたら、生涯思い出してもらえる」という意味らしい。日本の「情けは人のためならず＝他人様に親切にしたら、いつか自分にも帰ってくる。（だから親切にしようね）」に通じる諺だ。

トルコ・コーヒーにはどこか神秘さも漂うが、同時に一期一会の出会いを大切にするトルコ人の優しさとおもてなしの心が込められている。

激甘のトルコ風〝とらやの羊羹〟

トルコの代表的スイーツといえば、イギリスの児童文学者C・S・ルイスの『ナルニア国物語』にも登場する〝トルコの喜び(Torkish Delight)〟と呼ばれるロクムがある。

その歴史は古く、紀元前八世紀のアッシリアで似たお菓子があったとされ、一五世紀にはコーンスターチではなく小麦粉を使用したゼリーのようなロクムが誕生した。この伝統のお菓子は、日本で言えば由緒ある〝とらやの羊羹《ようかん》〟に相当するご進物の定番。まさに食感や深い甘みは、〝トルコ風羊羹〟といった感じだ。

水七五〇ccに対し、砂糖一袋(一キロ)すべてを入れるのだから甘いのも当然。

作り方は、水と砂糖を鍋に入れ、軽く混ぜて火にかける。煮立ったら二五〇ccの水に二〇〇グラムのコーンスターチを溶いて注ぎ、お好みにより酢やレモン汁を二〇~四〇cc加え、さらに弱火でかき混ぜる。ガムのように伸びるようになったら、クルミ、ピスタチオ、アーモンドなどのナッツ類、あるいはバラのジャムなどを入れ、平たい耐熱皿やバットに寝かして冷ます。

固まったら三センチほどの正方形に切り、表面に粉砂糖とコーンスターチを混ぜた粉をまんべんなくまぶす。苦みばしったトルコ・コーヒーと相性抜群のお菓子だ。

トルコ料理は、どの料理も大家族用に大鍋で作るのが基本で、男たちが居間でコーヒーを飲みながら煙草を吸ってくつろいでいる間、主婦である妻、姑、娘が台所に召集されることもある。

「手間暇かかるトルコ料理を食べているうちは、女性の負担ばかり大きく男女格差も埋まらないでしょう」

知り合いのトルコ人女性が、苦笑しながら話していた言葉は、トルコの近代化が容易ならざることを示唆していた。

主要参考文献

『世界の食文化 17 イギリス』川北稔／農文協／二〇〇六年
『食卓の歴史』スティーブン・メネル著、北代美和子訳／中央公論社／一九八九年
『美食の歴史２０００年』パトリスジェリネ著、北村陽子訳／原書房／二〇一一年
『ロンドン食の歴史物語』ホープ・アネット著、野中邦子訳／白水社／二〇〇六年
『イギリスはおいしい』林望／文春文庫／一九九五年
『世界の食文化 16 フランス』北山晴一／農文協／二〇〇八年
『中世フランスの食』森本英夫／駿河台出版社／二〇〇四年
『宮廷料理人アントナン・カレーム』イアン・ケリー著、村上彩訳／ランダムハウス講談社／二〇〇五年
『フランス料理を築いた人びと』辻静雄／中公文庫／二〇〇四年
『ベルギービールという芸術』田村功／光文社新書／二〇〇二年
『ベルギーグルメ物語』相原恭子／主婦の友社／一九九七年
『世界の食文化 18 ドイツ』南直人／農文協／二〇〇三年
『野田シェフのドイツ料理』野田浩資／里文出版／二〇一〇年
『世界の食文化 15 イタリア』池上俊一／農文協／二〇〇三年
『「イタリア郷土料理」美味紀行』中村浩子／小学館／二〇一四年
『イタリア食文化の起源と流れ』西村暢夫／文流／二〇〇六年
『パスタとピッツァ―気軽にイタリア料理』吉川敏明／柴田書店／一九九五年
『古代ギリシア・ローマの料理とレシピ』アンドリュー・ドルビー&サリー・グレインジャー著、今川香代子訳／丸善／二〇〇二年
『世界の食文化 14 スペイン』立石博高／農文協／二〇〇七年
『スペインかすていら巡礼』渡辺万里／松翁軒／一九九二年
『スペインの食卓―豊饒の海と大地』柴田書店編集／柴田書店／一九九一年
『家庭で作れる北欧料理』矢口岳、早川るりこ／河出書房新社／二〇一四年
『スウェーデンの素敵な家庭料理』織田紀子／中央公論事業出版／二〇〇五年
『世界の食文化 19 ロシア』沼野充義、沼野恭子／農文協／二〇〇六年
『ロシアのスープ』荻野恭子／ＷＡＶＥ出版／二〇一六年
『ロシア文学の食卓』沼野恭子／日本放送出版協会／二〇〇九年
『世界の食文化 9 トルコ』石毛直道、鈴木董／農文協／二〇〇三年
『図説 イスタンブル歴史散歩』鈴木董、大村次郷／河出書房新社／一九九三年
『世界遺産になった食文化 3 文明の十字路に息づくトルコ料理』服部津貴子監修／ＷＡＶＥ出版／二〇一三年
『こんなにちがうヨーロッパ各国気質』片野優、須貝典子／草思社／二〇一二年
『日本人になりたいヨーロッパ人』片野優、須貝典子／宝島社／二〇一四年

‖ 著者略歴 ‖

片野優（かたのまさる）東京都立大学法学部卒業。ジャーナリスト。
須貝典子（すがいのりこ）東京女子大学短期大学部卒業。ライター。

ともに集英社退社後、1991年よりオーストリアのウィーンに暮らす。ハンガリーのブダペストに滞在中は現地在住の日本人向けミニコミ雑誌『パプリカ通信』を創刊。現在、セルビア共和国のベオグラード在住。旧ソ連や北極圏を含むヨーロッパ各地を訪問・取材し、文化・歴史・環境・旅をテーマとした情報・記事を発信している。『こんなにちがうヨーロッパ各国気質』（草思社）、『日本人になりたいヨーロッパ人』（宝島社）、『図説プラハ　塔と黄金と革命の都市』（河出書房新社）ほか多数の著書がある。

料理《りょうり》でわかるヨーロッパ各国気質《かっこくきしつ》

2016年 9月25日　初版第1刷発行

著　者　　片野 優、須貝典子
発行者　　小山隆之
発行所　　**株式会社実務教育出版**
163-8671 東京都新宿区新宿 1-1-12
電話　03-3355-1812（編集）　03-3355-1951（販売）
振替　00160-0-78270

印刷所　　精興社
製本所　　東京美術紙工

ISBN978-4-7889-1181-9 C0039